Raymond Battegay

Die Hungerkrankheiten

Unersättlichkeit als krankhaftes Phänomen

Raymond Battegay

Dr. med., ordentlicher Professor an der Universität Basel

Die Hungerkrankheiten

Unersättlichkeit als krankhaftes Phänomen

Verlag Hans Huber Bern Stuttgart Wien

Im Gedenken an die Hungernden und Hungerkranken dieser Welt

CIP-Kurztitelaufnahme der Deutschen Bibliothek

Battegay, Raymond:
Die Hungerkrankheiten: Unersättlichkeit als krankhaftes Phänomen / Raymond Battegay. – Bern; Stuttgart; Wien: Huber, 1982.
ISBN 3-456-81210-8

Für die Erlaubnis zur Verwendung der Kohlezeichnung «Hunger» (Oeuvre-Katalog Nagel-Trimm Nr. 952) von Käthe Kollwitz danken wir Herrn Prof. Dr. Arne Kollwitz, Berlin.

Herstellung: Satzatelier Paul Stegmann Bern
Druck: Lang Druck AG Liebefeld-Bern
Printed in Switzerland

Inhaltsverzeichnis

Vorwort

Es ist mir seit Beginn meiner psychiatrischen Tätigkeit im Jahre 1953 aufgefallen, wie sehr gewisse Patienten auf den ärztlichen Zuspruch angewiesen sind. Depressive aller Art, aber auch jene Menschen, die süchtig Medikamente oder Alkohol einnehmen, schienen mir mehr als andere Menschen nach emotionaler Wärme und Stimulation zu «hungern». Mit den Jahren wurde mir, teils auch durch das Lesen entsprechender Literatur, klar, daß der Hunger nicht nur ein orales Verlangen ist, sondern auch ein Wunsch und Bestreben nach narzißtischer Fusion, nach einer Verstärkung des Selbst bei Menschen, die in ihrer frühen Kindheit nicht genügend warm umhegt, oder aber übergebührlich umsorgt worden sind und sekundär eine gefühlsmäßige Leere verspürt haben, die also an einer narzißtischen Neurose mit mangelnder Ausbildung ihres Selbst und mangelndem Selbstwertgefühl leiden (Battegay, 1977/1979).

Es ist wohl kein Zufall, daß in einer Zeit, in der die Menschen in kleinen Familien aufwachsen und der soziale Zusammenhang, trotz zunehmender Abstützung auf soziale Versicherungen, abnimmt, viele sich von früher Kindheit an nicht genügend erkannt, bestätigt und verstanden fühlen und so unter Einsamkeitsgefühlen leiden.

Zahllosen Patienten schulde ich Dank für Erkenntnisse, die mir im Verlaufe meiner Arzttätigkeit gewachsen sind. Auch die Diskussion mit Kollegen hat mein Gesichtsfeld erweitert. Besonderen Dank schulde ich Herrn Dr. *Martin Bandmann,* Tel Aviv, ehemaliger Chefarzt der 2. Internistischen Abteilung des Beilinson-Spitals in Petah Tikvah, Israel, an der ich 1954/1955 als Assistenzarzt gearbeitet habe. Herrn PD Dr. *Udo Rauchfleisch,* Psychologe an unserer Psychiatrischen Universitätspoliklinik, bin ich für die Durchsicht und Kritik meines Manuskriptes und die damit verbundenen wertvollen Denkanstöße dankbar. Ebenso bin ich den Herren PD Dr. *Willi Berger,* PD Dr. *N. Gyr* und Dr. *Ch. Perini,* die die Kapitel betreffend somatische Gegebenheiten durchsahen, dankbar verpflichtet. Meine Sekretärinnen, Frau *Ursula Haeberli* und Frau *Rosemarie Dufner-Stump,* haben in speditiver

Weise und sorgfältig das Manuskript geschrieben. Nicht zuletzt möchte ich *meiner Frau, meinem ältesten Sohn und seiner Gattin* sowie *meinen beiden jüngeren Söhnen* nicht nur für die Anregungen danken, die ich von ihnen empfangen durfte, sondern auch für die Geduld, die sie für den stets in Anspruch genommenen Ehemann und Vater aufbrachten. Herrn *Heinz Weder,* dem Verlagsleiter, und seinen Mitarbeitern vom *Verlag Hans Huber* möchte ich auch an dieser Stelle meinen Dank für das stetige Verständnis aussprechen, das ich von ihnen erfahren durfte.

Nun möge das Buch selbst sprechen. Ich bin mir indes durchaus bewußt, daß das Thema nicht umfassend behandelt wurde, doch war mir daran gelegen, einige Schlaglichter auf die «Hungerkrankheiten» zu werfen.

Basel, im Juni 1982 RAYMOND BATTEGAY, Basel

Allgemeine Betrachtungen

Nie mehr hat es der Mensch so leicht, Nahrung zu erhalten, wie im menschlichen Mutterleib. Es ist ihm im Milieu des mütterlichen Uterus auch jene Wärme garantiert, die seine physiologischen Funktionen anregt und gleichzeitig sein Wohlbefinden garantiert. Zur Zeit der Geburt ist das menschliche Wesen gezwungen, den Mutterleib zu verlassen. Es wird ausgepreßt in eine kühle Welt, besonders in unserem Kulturkreis, in unseren geographischen Breiten. OTTO RANK (1924) sprach von einem Geburtstrauma, das der Mensch erleide. Die erste Manifestation des Kleinkindes ist dementsprechend ein Schrei, der zugleich die Kränkung durch das Ausgestoßensein und die Forderung nach Wiederherstellung der im Mutterleib herrschenden Homöostase beinhalten könnte. Zwar deutet vieles darauf hin, daß das Kind, dessen Mutter nicht genügend Ruhe und Muße hatte, sich der Frucht bzw. dem Kind im Mutterleib zuzuwenden, nicht jene «erhabene Erhabenheit» (GRUNBERGER, 1971/1976) erfuhr, die es für das Leben nach der Geburt vorbereitet hätte, umso mehr «Hunger» nach Herstellung des verlorenen (oder nie erlebten) Gleichgewichts in seiner neuen, sozialen Umgebung empfinden und schreien wird. In diesem Schrei dürfte mitenthalten sein die aggressive Aufforderung nach jener mitmenschlichen Präsenz, die es sichert, die es Wärme, belebende Stimulation erfahren läßt. Das menschliche Kind ist, weil es, wie PORTMANN (1944) zurecht feststellt, im Vergleich zu dem ihm nahestehenden Primatenkind zu früh zur Welt kommt, noch unreif, noch nicht imstande, sich alleine fortzubewegen. Es ist total auf Hilfe angewiesen. Nicht einmal die Wärmeregulation ist ihm in den ersten Lebensmonaten selbst möglich. Es bedarf also einer «sozialen Gebärmutter», eines «sozialen Uterus», der es nährt, stützt, ihm Sicherung und Reize bietet.

Der «Hunger» nach taktiler Nähe, nach warmer Umsorgung und Reizvermittlung kennzeichnet die erste Lebensphase des menschlichen Kindes. Der Haut kommt als Kommunikationsorgan hervorragende Bedeutung zu. SIGMUND FREUD (1916/1917) hat mit seiner Betonung der Oralität in der ersten Phase der Kindesentwicklung wohl die bloße Nahrungsaufnahme überbewertet. Es ist schließlich gleichgültig, ob die gebotene materielle Ernährung künstlich hergestellt oder in natürlicher Form als Brustmilch gegeben wird. Wesentlich ist vielmehr die Art der Darreichung. Auch bei künstlicher Ernährung ist der Hautkontakt mit der Mutter wichtig. Bei natürlicher «Fütterung» ist es der Kontakt mit der Mutterbrust, sicher besonders auch im Bereiche der Oralität, der dem Säugling jene überzeugende Nähe der Mutter vermittelt, die ihm Sicherheit und Geborgenheit schenkt. Der kindliche Schrei bei der Geburt – der ja nicht in allen Kulturen vorkommt, vor allem nicht in jenen, in denen das Kind sogleich an die warme Haut der Mutter zu liegen kommt – bedeutet dementsprechend Ausdruck eines Hungers, der dann ausbricht, wenn die intrauterine Homöostase verloren geht und demzufolge eine Frustration in bezug auf Umsorgung entsteht. Kräftige Säuglinge werden dazu neigen, durch ihre Lautgebung intensiver mütterliche Zuwendung zu fordern als schwächliche. Es wird also auch vom Kinde bestimmt, welche Umsorgung und wieviel die Mutter an Umhegung dem bzw. der ihr Entsprossenen angedeihen läßt. Nicht nur die primäre Motivation der Mutter zählt, sondern auch die sekundäre, die durch den Säugling, durch die Demonstration seines «Hungers» hervorgerufen wird.

Mit der Anwendung des Begriffes «Hunger» in einem weiteren Bereich habe ich im Grunde bereits ausgesagt, daß ich darunter alle jene Manifestationen verstehe, die des Menschen aktives, «aggressives» Verlangen nicht nur nach (oraler) Fütterung mit Nahrung, sondern auch nach gefühlsmäßiger, warmer (taktiler) Zuwendung umfassen. Er deckt damit auch jene Sehnsucht nach Kontakt und Kommunikation, aber auch nach Stimulation, die in jedem Menschen begründet liegt. Dieser «Hunger» nach Mitmenschlichkeit charakterisiert ihn so, daß man ohne weiteres sagen kann: Ohne ihn bezeugende Mitmenschen wäre er nicht das, was er ist. Erst sein «Hunger» nach einer Gruppe von gleichermaßen Erfaßten und Strebenden macht ihn zum Menschen. Als Isolierter könnte er seine Existenz nicht sichern.

In der Liebe wird der «Hunger» bis zum Exzeß gesteigert. Die Vereinigung zweier Menschen käme ohne diese Sehnsucht nach dem liebenden Menschen nicht zustande. Die Anziehung der beiden Geschlechter aufeinander kann in diesem

Sinne ebenso als «Hunger» betrachtet werden. Wir sprechen ja geradezu von Liebes-«Hunger». Individuen, die in ihrer frühesten Kindheit nicht jene Wärme und Stimulation erfahren durften, die ein Mensch zu seinem Gedeihen unbedingt benötigt, werden zeitlebens – meist vergeblich – hoffen, jene überzeugende, liebende Erfahrung zu gewinnen, die ihnen nicht zuteil wurde. Da sie indes infolge ihrer früheren Verkürztheit eine derart hohe Erwartung an die ihnen Entgegenkommenden hegen, werden sie meist, auch nach einer entsprechenden Begegnung, «hungrig» bleiben.

Bis zu einem gewissen Grade strebt jeder Mensch nach Geltung, mit Ausnahme derer, die sich gerne, oder vielleicht allzu bereit – etwa in masochistischem Triumph – unterordnen. Persönlichkeiten, die in Betrieben an die Spitze gelangen, besonders aber im politischen Bereich, sind nicht selten Menschen, die einen regelrechten Macht-«Hunger» an den Tag legen. Ihre Machtgier ist oft derart, daß sie zu immer mehr Aneignungen von Objekten führt. Dadurch geben sie bereits Anlaß zu ihrem späteren Sturz. Der Machthunger verleitet sie, derart viel zu «fressen», daß sie zugrunde gehen müssen, weil sie das Einverleibte nicht mehr zu verdauen vermögen. Ein solcher Machthunger kommt oft bei Menschen zustande, die in früher Kindheit, infolge schwieriger familiärer Verhältnisse, Broken-home-Situationen, bzw. eines fehlenden Elternteils oder fehlender Eltern und Aufwachsens bei Pflegefamilien oder in Heimen, nicht die Muße, Ruhe und Zuwendung erleben durften, die für sie notwendig gewesen wären (RENTCHNIK et al., 1977). Sie brauchen dann im späteren Leben immer mehr Menschen, um ihren «Hunger» zu stillen, können ihn aber dennoch nie befriedigen. Wir sehen also häufig an der Spitze von autoritär geführten Staaten Menschen, die einen derartigen Macht-«Hunger» entwickeln, daß sie unersättlich sind und ständig zu verschlucken drohen, was sich in ihrer Nähe als schwach erweist. Die umgebenden Staaten, bzw. die politischen Partner lassen sich durch solche Menschen oft beschwichtigen, so wie im Märchen, in dem der Wolf die Grossmutter und Rotkäppchen verschlingen konnte, nachdem er seine Harmlosigkeit beteuert und seinen aggressiven Hunger verschleiert hatte.

Die Menschen, die in ihrer frühen Kindheit vernachlässigt wurden, neigen zu Kränkungen und entwickeln meist eine

Tendenz zu ungeheuren Wutausbrüchen und Rachegefühlen – in diesem Zusammenhang spricht man sehr oft von Rach-«Sucht». Der «Hunger» nach Rache steigert sich bei gewissen unter ihnen sogar zum unwiderstehlichen, unersättlichen und stets zur Wiederholung neigenden Verlangen nach Verletzung der sie Umgebenden, durch die sie – oft nur vermeintlich – gekränkt worden sind. Diese ungeheuren Rachetendenzen dürften in den Zwanziger- und Dreißigerjahren unseres Jahrhunderts in Deutschland viele den Nationalsozialisten zugetrieben haben. Sie erwarteten, mit Hilfe der Parteigenossen, ihren «Hunger» stillen und ihren grausamen Rachegefühlen nachleben zu können. Indem sie Unschuldige in Konzentrationslagern hungern ließen, folterten, schändeten oder – unter fürchterlichen Bedingungen – umbrachten, wähnten sie, in ihren kompensatorischen Größenvorstellungen, die ihre Minderwertigkeitsgefühle überbrücken sollten, sich zu erhöhen. Der Herrenmenschenwahn trieb sie noch mehr zu Abscheulichkeiten. Millionen Menschen mußten das Leben lassen, gleichzeitig um den kannibalistischen Hunger der Nazis zu stillen und sich jenen überlegen fühlen zu können, die sich gegen die unvorstellbare Grausamkeit nicht zu wehren vermochten.

Im Normbereich liegt der «Tatenhunger» vieler Menschen. Unser Nervensystem ist derart beschaffen, daß es der ständigen Reize bedarf, um in einem Gleichgewicht zu bleiben. Bei totaler Abschirmung von äußeren Einwirkungen, unter Bedingungen von «sensory deprivation» (Lilly und Shurley, zit. in: Gellhorn und Loofbourrow, 1963; Gross und Šváb, 1969, u.a.), beginnt der Mensch schon nach zehn Stunden unter Sinnestäuschungen zu leiden. Vermag er nichts um sich herum wahrzunehmen, so stimuliert er sich offenbar selbst. Es können entsprechende Veränderungen im Elektroenzephalogramm festgestellt werden. Der «Hunger» nach Reizen, nach Stimulation, nach der Erkennung von «Gestalten», die als solche identifiziert werden können, ist ein normalpsychologisches Phänomen. Dementsprechend besteht auch ein «Hunger» nach immer neuem Erleben.

Ebenso kennzeichnet den Menschen zeit seiner Geburt ein «Liebeshunger», der, wie gesagt, dazu führt, daß bereits das Neugeborene sich mit seiner Lautgebung um Zuwendung durch andere bemüht. Sein «Hunger» nach Liebe begleitet den Menschen das ganze Leben und läßt ihn immer nach Partnerschaft Ausschau halten. Ist dieser «Hunger» unstillbar, so wird der davon Betroffene nur in unsteten Beziehungen leben können, weil er immer anderswo die endgültige Erfüllung seines Wunsches nach Nähe, seines Liebeshungers, erwarten wird.

Bei Menschen, die in ihrer frühesten Kindheit nicht genügend Wärme, Stimulation und damit nur ungenügend Kognitionsmöglichkeiten erfahren haben oder aber übergebührlich damit versehen und so sekundär frustriert worden sind, ergibt sich zeitlebens jener «Hunger» nach liebender Zuwendung, der kaum je gestillt werden kann (KOHUT, 1971/1973, 1977/1978), nach der Erfahrung eines Objektes, das sie einerseits vom Bereitsein zur Partnerschaft eines anderen Menschen und andererseits von ihrem Selbstwert überzeugen könnte.

Wie RENÉ SPITZ (1960) in seinen Beobachtungen an 91 Säuglingen in einem Findelhaus festgestellt hat, entwickelten sich Kleinkinder, die nach drei Monaten Ernährung an der Mutterbrust in ein Heim gegeben wurden, nicht mehr wie gesunde. Sie waren der Obhut einer Pflegeperson anvertraut worden, die durchschnittlich für zehn Kinder zu sorgen hatte, oft für eine noch größere Zahl. Die körperliche Betreuung der Kinder war gut. Die Betreuerin hatte sich gleichzeitig mit zehn Schützlingen zu befassen. Sie erhielten daher nur den zehnten Teil der gefühlsmäßigen mütterlichen Zuwendung und kamen emotional zu kurz. Es entwickelte sich bei diesen Kindern ein von Monat zu Monat ausgeprägter werdendes klinisches Bild, dessen Schwere direkt proportional zu der Dauer der Trennung von der Mutter war. Im ersten Monat wurden die Kinder weinerlich, anspruchsvoll, und sie klammerten sich an den Beobachter, der Kontakt mit ihnen aufnahm. Im zweiten Monat verwandelte sich das Weinen in ein Schreien. Es kam zu Gewichtsverlust und Entwicklungsstillstand. Der dritte Monat brachte eine Kontaktverweigerung der Kinder und eine pathognomische Position: Sie lagen in ihren Bettchen meist auf dem Bauch. Ihr Schlaf war gestört. Sie nahmen weiter an Gewicht ab, und es traten oft interkurrente Erkrankungen auf. Eine Generalisierung der motorischen Verlangsamung und ein starrer Gesichtsausdruck waren festzustellen. Nach dem dritten Monat blieb die Starre des Gesichts bestehen. Das Schreien wurde von einem leisen

Wimmern abgelöst, die motorische Verlangsamung durch Lethargie. In der Nachuntersuchung ergab sich, daß 34 (= 37%) dieser beobachteten Kinder innert zweier Jahre gestorben waren. Der geschilderte Prozeß war bis zum 5. Monat reversibel, wenn das Kind der Mutter zurückgegeben wurde. Die Störung wurde durch SPITZ (1960) als ein Symptom des «Hospitalismus» betrachtet. Er kennzeichnete das Zustandsbild als «anaklitische Depression», in Anlehnung an das Bild der Erwachsenendepression.

Diese Beobachtungen an Säuglingen zeigen, wie sehr die gedeihliche Entwicklung eines Kindes auch von der affektiven Zuwendung und der Stimulation abhängt. Meist wird es nicht zu solchen Extremen der emotionalen Unterversorgung kommen, doch wird, auch bei geringerer gefühlsmäßiger Mangelerfahrung, zeitlebens ein Schaden bestehen bleiben, indem einerseits ein – unstillbarer – emotionaler Hunger übrig bleiben wird und andererseits die Betroffenen durch ihre Tendenz zur Einverleibung des Objektes keine echte Begegnung mit einem Mitmenschen, keine tragende Kommunikation erfahren können.

Selbst eine kurzzeitige, einige Tage dauernde Trennung von der Mutter in den ersten beiden Lebensjahren kann, wenn keine entsprechende Ersatzperson in die Lücke springt, keine Betreuerin auf das offensichtliche Werben des Kleinkindes reagiert, schwerwiegende Folgen haben (BOWLBY, 1973/1976; JAMES and JOYCE ROBERTSON, 1975). Die Kinder verhalten sich nach einer solchen kurzen Trennungserfahrung noch einige Wochen nachher aggressiv-trotzig, verweigern etwa das Essen und sind noch auf Jahre hinaus ängstlich, wenn die Mutter nicht dort ist, wo sie vermuten. Der während einiger Tage ausgestandene gefühlsmäßige Mangel stört ihren Appetit sowie ihren Schlaf und läßt sie aggressiv gegen ihre nächste Bezugsperson, die Mutter, werden, ihr so einerseits zeigend, daß sie gefühlshungrig geblieben sind, und ihr andererseits bedeutend, daß sie sie für das erlittene Leid bestrafen möchten.

Auch im Affenexperiment (HARLOW, 1962, 1967) konnte gezeigt werden, wie wichtig das Wärmeerleben für das Aufwachsen von Lebewesen ist. Die beiden HARLOWS ließen die Hälfte der Äffchen bei einem Muttersurrogat, das aus einem Eisendrahtgestell bestand, an dem Milchflaschen befestigt waren, aufwachsen, und die Hälfte bei einem Muttersurrogat, das mit einem synthetischen Fell (Terrycloth) überzogen und ebenfalls mit Milchflaschen versehen war. Die Äffchen, die durch die Fellersatzmutter ernährt wurden, entwickelten emotionale Beziehungen zum Muttersurrogat, wie wir sie von jungen Affen zu ihrer leiblichen Mutter kennen. Bei Gefahr suchten sie Schutz am Pelzmuttergestell. Die Äffchen, die nur die «Eisendrahtmutter» kannten, zeigten keinerlei emotionalen Rapport zum Muttersersatz, und sie suchten dort auch keinen Schutz, wenn sie in Gefahr standen. Ebenso war die Fortpflanzung der Tiere, die mit dem Eisendrahtgestell aufwuchsen, gestört, während die generativen Funktionen bei Affen, die bei der «Fellmutter» groß wurden, intakt blieben und die Tiere sich vermehrten. Später wurde die «Fellersatzmutter» durch einen Glasbehälter von den jungen Äffchen getrennt. Es ließ sich erkennen, daß die bloße Sichtbarkeit der «Pelzmutter» die jungen Affen in Angstzuständen zu beruhigen vermochte. Es zeigte sich sogar, daß die visuell wahrgenommene «Pelzmutter» auch in ruhigen Situationen eine positive Reaktion bei den jungen Affen erzeugte.

Von G. Benedetti (1976) erhielt ich die persönliche Mitteilung, daß bei Bewegung des Eisendrahtgestells mit Milchflaschen junge Äffchen, die damit großgezogen wurden, sich ebenfalls normal entwickelten. Wir dürfen selbstverständlich nicht vom Tierversuch auf den Menschen schließen. Doch ist von den Spitzschen (1960) Untersuchungen mit einer Gesichtsmaske bekannt, daß das Dreimonatslächeln der Kinder nur dann bei deren Vorzeigen erfolgt, wenn sie bewegt wird. Mütter wissen spontan davon, daß sie ihren Kopf in der frontookzipitalen Ebene bewegen müssen, wenn das Kind lächeln soll. Es weisen demnach auch diese Experimente darauf hin, daß das Kind, neben der physikalischen und emotionalen Wärme, der Stimulation durch Bewegung und Erkennungsmöglichkeiten von Gestalten (z.B. Gesichtsmasken, auf denen Mund, Nase und Augen aufgezeichnet sind) bedarf. Wird in dieser Beziehung einem Säugling zu wenig geboten, so bleibt er «hungrig».

Der «Hunger» ist nicht nur eine Angelegenheit des Magens, sondern auch des Narzißmus. Erhält ein Individuum im Kleinkindesalter nicht genügend Bestätigung in Form von Wärme, Stimulation und Kognitionsmöglichkeiten, so bleibt es ungestillt im Bereiche des Selbst. Es bleibt liebes-«hungrig». Aber auch Kinder, die übermässig umhegt werden, leiden in ihrem späteren Leben unter diesem emotionalen «Hunger», weil ihnen niemand die frühkindliche Verwöhnung zu ersetzen vermag. Dieses «Hungrig-Sein» nach Liebe bedeutet, daß der betreffende Mensch zeitlebens eine Leere in seinem Selbst, in seinem Selbstgefühl, schmerzend erlebt und alles daran setzt, diese schmerzlich empfundene Befindlichkeit zu beheben. Interessant ist in diesem Zusammenhang das Sprichwort: «Die Liebe geht durch den Magen», wobei wir uns fragen müssen, ob wirklich nur die Ernährung an sich gemeint ist, oder nicht vielmehr das Zu-sich-Nehmen liebevoll zubereiteter und dargebotener Speise. Damit wäre wiederum nicht die Füllung des Magens das Hauptkriterium, sondern die Er-«füllung» von Wünschen, die das «ungestillte» Selbstgefühl er-«füllten». Dem Menschen geht es, wie erwähnt, nicht nur um die Befriedigung oraler Bedürfnisse, sondern auch um das Bekommen einer stützenden und erwärmenden Zuwendung von anderen, um sogenannte narzißtische Gratifikationen durch Objekte. Kein Mensch kann auf die Dauer in der Lieblosigkeit existieren.

Konzentrationslagereinwirkungen waren nicht nur wegen der scheußlichen und ständig immanenten Bedrohung durch Vernichtung in dem bekannten Maße lebensgefährlich, sondern auch wegen der Vernichtigung der Menschen in dauernder Lieblosigkeit und Grausamkeit bedrohlich. Die Betroffenen wurden dermaßen in ihrem Selbst geschädigt, daß sie sich oft mit dem Feind identifizierten und von einem Wertlosigkeitsgefühl in bezug auf sich selbst ergriffen wurden. Es ist von verschiedenen Autoren (von Baeyer, Kisker, 1960; Lempp, 1967; Eitinger, 1969 und andere) bekannt, daß ehemalige Konzentrationslagerinsassen dermaßen geschädigt wurden durch das damalige Erleben, daß sie später an Depressionen, Ängsten, Mißtrauen und psychosomatischen Störungen litten. Die menschliche Existenz wurde in diesen Lagern dermaßen durch Aushungern und mit allen Foltermethoden gepeinigt und entwürdigt, daß sich später mit dieser Entleerung des Selbst und dem im Lager hypertrophierten, grausamen Über-Ich kaum mehr leben ließ. Viele dieser Menschen dürften nicht nur infolge Nahrungsmangels, sondern auch wegen des absoluten Fehlens an Mitmenschlichkeit zugrunde gegangen sein. Sie blieben in jeglicher Beziehung hungrig und verhungerten schließlich nicht nur an mangelnder Nahrungszufuhr, sondern auch an einem absoluten Fehlen irgendeines Zeichens von Menschlichkeit bei den Bewachern.

Wenn wir in der gezeichneten Weise von Hunger sprechen, so meinen wir demgemäß nicht nur das «Nagen am Hungertuch»* und/oder das Begehren nach körperlicher Sättigung, sondern vor allem auch den Wunsch nach einer emotionalen Wärmung und Erfüllung. Bekanntlich lebt der Mensch nicht von der materiellen Einverleibung alleine, sondern ebenso oder mehr noch von der gefühlsmäßigen Befriedigung. Zwar wird sich die mitmenschliche Zuwendung z.B. über die Gefühlsregungen, die ein körperliches Substrat im limbischen System aufweisen, im so angesprochenen Menschen auswirken, doch bleibt uns noch verborgen, was bei diesem Gefühlsvorgang von einem Individuum auf das andere überspringt. Wenn auch bekannte körperliche Vorgänge dadurch ausgelöst werden, ist das Problem, was die menschliche Interaktion ausmacht, noch ungelöst. Ist es beispielsweise allein die Information über die wohlwollende Zuwendung, die ein Individuum durch den mimischen und pantomimischen Ausdruck wie auch durch die «Sprache» der Augen und den verbalen Ausdruck des anderen erhält? Tatsache bleibt, daß bei der Unmöglichkeit, ein empathisches Mitgehen durch andere zu erfahren, der Mensch hungrig bleibt.

Wie bereits unsere bisherigen Ausführungen zeigen, beruht das Phänomen des «Hungers» auf einem sehr komplexen psychosomatischen Geschehen. Da aber kein Erleben ohne somatisches Substrat denkbar ist, und der Begriff «Hunger» ohnehin auch eine körperliche Befindlichkeit anzeigt, haben wir uns in den kommenden Ausführungen auch mit den neurophysiologischen und metabolischen Aspekten des Problems auseinanderzusetzen. In bezug auf das «Hungern» nach Liebe, nach Zuwendung, nach Stimulation ist von Seiten des körperlichen Prozesses bis heute nur soviel bekannt, daß, wie wir dargestellt haben, unser Nervensystem der äuße-

* Vorhang während der Fastenzeit im Chor der Kirche, der etwa bestickt oder bemalt war. Beim Fasten sagte man von den Gläubigen wohl, sie würden «am Hungertuch nagen».

ren Reize bedarf, damit es im Gleichgewicht bleibt. Was das somatische Substrat des Hungergefühls in bezug auf die Nahrung anbetrifft, sind die Untersuchungen schon vielfältiger (BROBECK, 1979). Wir werden in den Kapiteln über Anorexia nervosa und über Adipositas uns noch eingehender mit diesem Aspekt zu befassen haben.

Anorexia nervosa

Hetherington und Ranson (1940) haben entdeckt, daß bilaterale Läsionen in der ventromedialen hypothalamischen Zone bei Ratten dazu führten, daß sie eine Hyperphagie aufwiesen und eine Fettsucht entwickelten. Wie der Autor Smith (1976) feststellt, haben Anand und Brobeck (1951) darüber berichtet, daß bei Ratten, denen hingegen eine Läsion in der Gegend des lateralen Hypothalamus, welche gegenüber dem ventromedialen Teil liegt, gesetzt wurde, nicht mehr aßen. Die Aphagie war dramatisch, da die Ratten sogar über Futter liefen, ohne nach ihm zu greifen. Das Nicht-mehr-Essen war lebensbedrohlich, und die Ratten starben, wenn sie nicht künstlich ernährt wurden. Anand und Brobeck (1951) supponierten, daß die ventromediale hypothalamische Zone das Futterbedürfnis hemme. Sie entwickelten eine Hypothese in bezug auf die zentralnervöse Kontrolle des Futtereinnahmeverhaltens, die auf der Annahme von zwei Gehirnzentren beruht, die sogenannte «dual center hypothesis». Die ventromediale hypothalamische Zone würde zu einer Hemmung der Futteraufnahme führen (Sattheitszentrum, Morley, 1980), und der laterale hypothalamische Bereich würde eine Erhöhung der Futteraufnahme herbeiführen (Futteraufnahmezentrum, Morley, 1980). Im Jahre 1954 haben Teitelbaum und Stellar beobachtet, daß Ratten mit einer Läsion im lateralen hypothalamischen Bereich, wurden sie lange genug künstlich gefüttert, sich eventuell in ihrer Eß- und Trinkfähigkeit erholten. Teitelbaum (1954) hat dabei supponiert, daß die Erholung des Futterkontrollverhaltens eine Wiederholung der ontogenetischen Entwicklung darstelle. Doch sind diese Untersuchungen nicht ohne Widerspruch geblieben, so daß sie noch nicht als gefestigt gelten können. Es zeigte sich in weiteren Untersuchungen (Brobeck, 1979), daß eine elektrische Stimulierung der ventromedialen Regionen des Hypothalamus zu einer Hemmung der Futteraufnahme und eine elektrische Stimulation der lateralen Hypothalamusregion zu einem Futteraufnahmereiz führten. Die Tatsache, daß Stimulation und Destruktion gegensätzliche Resultate bewirkten, erschien überzeugend. Allerdings wurde diese

Argumentation angezweifelt, als es gelang, durch Läsionen und Stimulationen in den erwähnten Bereichen auch anderes Verhalten, also nicht nur das Futteraufnahmegebaren, zu beeinflussen (GROSSMAN, 1975). Alterationen des Futteraufnahmeverhaltens würden demnach, wie SMITH (1976) betont, vielleicht nur einen Aspekt einer veränderten sensomotorischen Integration in das Gehirn darstellen, wobei diese Annahme aber noch keineswegs sicher fundiert ist. Auf die übrigen Hypothesen des Futteraufnahmeverhaltens werden wir im Kapitel der Adipositas eingehen. Es zeigt sich aber bereits aus unseren jetzigen Ausführungen betreffend die Rattenversuche, daß die Nichtaufnahme von Nahrung nicht nur einem komplexen psychologischen Verhalten entspricht, sondern wohl auch auf einer somatischen Basis beruht, bei der vielfältige neuronale, aber auch, wie im Kapitel über die Adipositas noch zu zeigen sein wird, metabolische Prozesse von Bedeutung sein dürften. Wir können natürlich die Ergebnisse dieser Tierversuche nicht einfach auf den Menschen übertragen. Sie sollen uns nur zum Denken anregen in bezug auf mögliche körperliche Grundlagen der Anorexia nervosa. Bei der menschlichen Nahrungsverweigerung kommen sicher noch mannigfaltige anderweitige Einwirkungen hinzu, wie z. B. das Eßverhalten und die Einstellung zur Nahrung der Familie bzw. der Eltern, frühe Lernprozesse in bezug auf das Essen, das Vorbild der Eltern, die Ablehnung der eigenen Geschlechtsrolle und damit auch der entsprechenden Fettpolster und nicht zuletzt die durch emotionale Mangelerfahrungen erworbene ungenügende Selbstidentität. Es sollen nun im folgenden gewisse Gesichtspunkte der Anorexia nervosa besprochen werden, wobei keineswegs der Anspruch erhoben wird, ein umfassendes Abbild aller Theorien und Einsichten zu geben.

In der Anorexia nervosa tragen die davon Betroffenen, meist weibliche Jugendliche, ihren emotionalen Hunger zur Schau, indem sie sich körperlich aushungern. Sie lehnen die erwachsene (weibliche) Rolle ab, einerseits weil sie durch ihre Mütter nie jene liebende Umsorgung erfahren haben, die sie erwartet haben und für ein erfülltes Leben benötigt hätten, andererseits weil sie so zu dokumentieren vermögen, daß sie emotional hungrig geblieben sind. Die Mangelernährung führt dann dazu, daß die Betroffenen äußerlich, von Seiten ihrer Körperform, kaum als Frauen imponieren und zudem ihr Hungerleiden in einer Welt des Überflusses, in einem Meer von (eßbaren) Objekten (Sours, 1980) offen zur Schau tragen können. Das Marterbild, das sie bieten, erschreckt die Entgegenkommenden und motiviert sie zur Hilfe. Doch gewinnen offenbar die Anorexia nervosa-Patientinnen, in einem Lernprozeß, einen Gefallen am Existieren in dieser gefahrvollen Situation, dieser Grenzsituation zwischen Leben und Tod, und sie können so kaum mehr aus ihrer Mager-Sucht herauskommen. Unwiderstehlich und «unersättlich» wird ihr Bedürfnis, alles zu tun und sich immer mehr dafür einzusetzen, um auf der einen Seite, scheinbar omnipotent, unabhängig von der Nahrungszufuhr zu werden, auf der anderen Seite aber drastisch die Hungerkrankheit zu manifestieren. Oft dreht sich bei diesen Menschen im Gespräch mit ihren Angehörigen alles um das Essen. Die Umwelt möchte die Kranken in bezug auf Nahrungsaufnahme erpressen, und die Betroffenen versteifen sich immer mehr darauf, ihren Körper ausmergeln zu lassen und den Hunger zu idealisieren. Die Magersucht ist ein «Denkmal» des zur Sucht gewordenen Hungers.

So war es der Fall bei einer Patientin, die wir seit ihrem 27. Lebensjahr wiederholt in schweren Abmagerungszuständen konsiliarisch in einer Medizinischen Klinik zu untersuchen und zu betreuen hatten. Sie hatte sich schon in ihrem 13. Lebensjahr in einem lebensbedrohlichen, extrem abgemagerten Zustand befunden und war 17jährig in ein Kinderspital eingewiesen worden, wobei sie noch 23,9 kg gewogen hatte. Sie ist die Tochter eines alten Vaters, der als Akademiker eine differenzierte, jedoch überempfindliche, schwernehmende, nachträgerische, hypochondrische, neurotische Persönlichkeit ist und selbst seit jungen Jahren an «nervösen» Magen-Darmsymptomen leidet. Seine Ressentiments gegenüber der Gesellschaft lasteten auf der Familie. Die um viele Jahre jüngere Gattin, die Mutter der Patientin, anerkannte er innerlich nicht. Er verachtete sie wegen ihrer angeblich mangelnden Bildung. Sie ist indes, objektiv betrachtet, eine praktisch denkende, tüchtige und besorgte Hausfrau und Mutter. Ihr Wort hatte jedoch kein Gewicht in der Familie. Die Ehe war von Anbeginn unharmonisch und prägte das Eltern-Kind-Verhältnis. Die mehrere Jahre ältere Schwester opponierte aggressiv gegen den dominierenden Vater. Sie leidet an Kleinwuchs und hat schwere emotionale Krisen mit haßerfüllten Eifersuchtsäußerungen gegen die von ihr als gesund erlebte jüngere Schwester, unsere Patientin, durchgemacht. Unsere Kranke selbst erwies sich als ein schüchternes Kind, das sich bereits in der Primarschule im Klassenverband nur schlecht zu behaupten vermochte. Die Patientin konnte nicht – wie vom Vater geplant – das Gymnasium besuchen und litt, unter den Anforderungen der von ihr besuchten Mittelschule, an «Magenbeschwerden». Sie empfand sich als langweilige, farblose Außenseiterin. Mit etwa 13 Jahren trat die erste Menstruation bei ihr ein. Gleichzeitig begann sie abzumagern, und es kam zu einer sekundären Amenorrhoe. Sie litt unter Durchfällen sowie Angst und Ekel vor Erbrechen und Diarrhoe. Mit 17 Jahren drohte sie wiederholt mit Suizid. Sie äußerte panische Angst vor den Mahlzeiten. Eine Psychotherapie, die bis zu ihrem 20. Lebensjahr andauerte, zeitigte einen kurzfristigen Erfolg. Die Ärztin, die diese Behandlung ausführte, stellte eine sehr frühe Störung des Selbstgefühls der Patientin fest. Zu Beginn der Psychotherapie sei die Kranke überzeugt gewesen von ihrem Schwachsinn und ihrer Unfähigkeit, je etwas Rechtes zu werden. Nur ganz wenige, ausgesuchte Berufe galten in der Familie als ehrenvoll. Die Hoffnung des Vaters gewesen zu sein und derart enttäuscht zu haben, quälte und entmutigte sie. Anforderungen, die an sie gestellt wurden, führten stets zu intestinalen Symptomen. Die Mutter konnte ihr kein Beispiel sein, da sie sie im Grunde, wie der Vater, verachtete. Im Verlaufe der Therapie gewann die Patientin an Eigenständigkeit, ohne jedoch definitiv ein gefestigtes Selbstgefühl zu entwickeln. Sie war in ihrem 24. Lebensjahr und mit 27 Jahren in einer psychiatrischen Klinik hospitalisiert. Zuvor war sie das eine Mal auf 27 kg, das andere Mal auf 23 kg abgemagert. Sie wies die Problematik auf, die von früher her bei ihr bekannt war: die restlose Ablehnung ihrer selbst – wie ihrer Mutter – und das Gefühl des Versagens gegenüber den väterlichen Erwartungen. Während ihres letzten Aufenthaltes in der Medizinischen Klinik mit 34 Jahren war sie von innerer und äußerer Unruhe ergriffen, und sie lief mit ihren Infusionen und dem dafür notwendigen Ständer im ganzen Spital herum, wie wenn sie einerseits die Umwelt anklagen, andererseits ihr aber auch zeigen wollte, was für ein Leiden sie getroffen habe. Ihre Abwehr gegenüber psychotherapeutischen Bemühungen war starr. Zwar nahm sie unter der ihr verordneten intravenösen Kalorienzufuhr etwas an Gewicht zu, doch blieb sie fixiert an ihre Hungerkrankheit.

Die Patientin, die bereits in ihrer frühen Jugend nur dann die väterliche Anerkennung spürte, wenn sie ihm Leistungen bot, und eine Mutter hatte, die von ihr – wie vom Vater – abgelehnt wurde, konnte zu keiner gesunden weiblichen Identifikation finden. Sie war hungrig geblieben in ihrem Bedürfnis, gefühlsmäßig anerkannt zu werden durch den Vater, und ihrem unbewußten Verlangen, sich mit einer geachteten Mutter identifizieren zu können. Die Patientin ging gefühlsmäßig leer aus und konnte ihren Narzißmus nicht auf ihre Weiblichkeit verlegen. In einem Lernprozeß gewann sie beinahe eine Perfektion darin, ihr Elend zur Schau zu tragen. Sie fixierte sich auf ihre Hungerkrankheit, vielleicht nicht zuletzt, weil sie so zumindest die Zuwendung der sie betreuenden Krankenschwestern und Ärzte fand und der häuslichen Anforderungs- und Versagenswelt zu entfliehen vermochte.

Wie das Beispiel dieser anorektischen Patientin zeigt, hat die Hungerkrankheit per se, die Anorexia nervosa, eine sehr fragliche Behandlungsaussicht, und zwar nicht nur weil der «Hunger» derart ist, daß er nie gestillt zu werden vermag, sondern auch weil die Betroffenen einen Lernprozeß in Richtung eines falschen Problemlösungsverhaltens, einer Ausweichstrategie, beschritten haben. Es zeigte sich bei dieser Patientin, daß die Mager-Sucht sie der Notwendigkeit enthob, sich weiter mit der Rolle einer erwachsenen Frau auseinanderzusetzen. Der sekundäre Krankheitsgewinn (FREUD, 1961, 1916/1917) ist bei dieser Art Kranken, weil sie durch ihr Leiden viel Aufmerksamkeit erfahren, derart, daß sie sogar eine schwerste Lebensgefährdung in Kauf nehmen. Obschon BRAND und GENSICKE (1980) sowie SCHÜTZE (1980) von vorwiegend günstigen Resultaten ihrer auf das Verhalten und die Kommunikation ausgerichteten Behandlung berichten (5 von 7 Patienten), ist zu sagen, daß die überwiegende Zahl der Publikationen sonst auf eine zweifelhafte Prognose dieser Krankheit hinweist.

Wie STIERLIN (1980) anführt, ist die Anorexia nervosa nicht häufig. Es trifft drei bis fünf pro 100 000 der Bevölkerung. Doch scheint ihr Auftreten im Zunehmen begriffen zu sein. Die Anorexia nervosa trifft überwiegend junge Mädchen im Alter zwischen 12 und 15 Jahren, und zwar fast ausschließlich der gebildeten Mittel- und Oberschicht. Menschen, die wegen Geldmangels Hunger leiden müssen, erkranken nicht an Pubertätsmagersucht. Die extreme Abmagerung ist scheinbar selbstgewollt, Ausdruck «eines erbitterten und trotzig geführten Hungerstreiks, bei dem früher oder später auch das eigene Leben riskiert wird» und dennoch besteht nicht der Eindruck, daß die von Anorexia nervosa Betroffenen frei seien. Es bleibt «der Asket, der Gefangene seiner bekämpften Bedürfnisse: Er muß ständig an Essen und Gewichtsabnahme denken und bleibt davon besessen» (STIERLIN, 1980). HILDE BRUCH (1978/1980) erörtert unter anderem die Frage, ob die Zunahme der Anorexia nervosa auch damit zusammenhängen könnte, daß die Frauen mehr Freiheit zur Entfaltung ihrer Talente und Fähigkeiten als in früheren Jahren und Jahrzehnten haben. Die Wahl zwischen vielen Möglichkeiten gebe ihnen den Eindruck, etwas Besonderes tun zu müssen. Auch erwarte man von ihnen viel früher als in vergangenen Zeiten, Verabredungen mit Jungen zu treffen. Wer nicht so handle, werde als eine Außenseiterin angesehen. Die Anorexia nervosa tritt, wie HILDE BRUCH (1978/1980) anführt, nicht selten nach einer Filmvorführung oder einer Unterrichtsstunde über Sexualerziehung oder nach einer Schulveranstaltung auf, die dem Mädchen nahelegt, etwas zu tun, zu dem es aber offenbar noch nicht bereit ist. Die Autorin glaubt, drei Bereiche psychischer Funktionsstörungen schon vor Ausbruch der Krankheit bei diesen Menschen zu erkennen:

1. Schwere Störungen im Körperbild, in der Art, wie die jugendlichen Mädchen sich sehen,
2. Fehldeutungen innerer und äußerer Reize, vor allem im Wahrnehmen des Hungererlebens,
3. Ein lähmendes Gefühl, hilflos und unfähig zu sein, so daß

nichts am Leben geändert werden könne. Vor diesem Hintergrund des Hilflosigkeitserlebens muß der verbissene Wunsch nach Kontrolle des Körpers gesehen werden.

Hilde Bruch (1978/1980) stützt ihre Beobachtungen auf 70 magersüchtige Patienten, worunter 60 weibliche und 10 männliche waren. Das Bild der Krankheit, das sie darstellt, beruht auf den Erkenntnissen, die sie während der Psychotherapie mit den Patienten gesammelt hat. Sie betont, daß tief in ihrem Inneren jede Anorexiepatientin annehme, ihre basale Persönlichkeit sei geschädigt, nicht gut genug, und alle ihre Bemühungen seien darauf angelegt, das fatale Makel zu kaschieren. Die Patientinnen seien davon überzeugt, alle sie Umgebenden würden sie missbilligend beobachten.

Es ergibt sich demnach also auch aus den Forschungen von Hilde Bruch (1978/1980), daß diese Patientinnen und Patienten in ihrer frühesten Kindheit zu wenig Selbststärke, zu wenig Gewißheit über ihren Wert erlangt haben. Sie sind unsicher über sich selbst, entwerten sich laufend. Daß ihr Leiden manifest erst in der Pubertät beginnt, dürfte wohl damit zusammenhängen, daß in dieser Zeit die Entwicklung zur Frau bzw. zum Manne sich besonders abzeichnet. Es ist kein Zufall, daß diese narzißtisch schwer Geschädigten in der Pubertätszeit, die viel narzißtische Aufmerksamkeit erfordert, ihren Weg nicht finden.

Wie unser Beispiel zeigt und wie Hilde Bruch (1978/1980) in ihrem Buch darlegt, ist es nicht leicht, die Anorektikerinnen und Anorektiker zu behandeln. Die Patienten sind sehr hartnäckig. Sie sind vom Gefühl beinahe besessen, mit ihrer Krankheit die Kontrolle über alle Probleme erlangt zu haben. Es ist ihre körperliche Darstellung ihres Hungers auch Zeugnis ihres Kompensationsversuches mittels eines Größenselbst. Die Betroffenen geben sich der Illusion hin, über ihre Körperlichkeit zu siegen. Bei gewissen dieser Patientinnen dokumentiert sich die Anorexie in Freßorgien und anschließendem Erbrechen. Harju und Fried (1981) sprechen von Dysorexia, weil sie bei den Kranken selbst – und in deren Familien – diesen Wechsel von Anorexie und Bulimie beobachtet haben. Viele nehmen im Stillen Laxantien, um sich mager zu halten. Anorektiker können vordergründig jegliche Deutung annehmen, die ihnen der Therapeut gibt, doch vermitteln sie, wie es

Hilde Bruch (1978/1980) sehr richtig sagt, den Eindruck, daß das nichts für sie bedeutet. Sie hatten sich auch in ihrer Kindheit angepaßt, ohne innerlich erreicht zu werden. Die Anorexiepatienten erfordern einen ungeheuren Einsatz des Therapeuten. Die Anzeichen der Änderung sind oft nur schwierig zu bemerken, und sie müssen vom Behandelnden erkannt und anerkannt werden, damit die Patienten über ihre eingeschliffene Hungerideologie hinwegkommen. Nur wenn diese Kranken von der bedingungslosen mitmenschlichen Teilnahme und von der wohlwollenden Zuwendung des Therapeuten überzeugt sind, und erst wenn sie erfahren haben, daß nichts ihn davon abhalten kann, selbst ein aggressives oder pseudokooperatives Verhalten der Patienten, werden sie eventuell von ihrer Hungerkrankheit wegkommen.

Die Prognose ist ernst, und es besteht die Gefahr, daß die Betroffenen an interkurrenten Erkrankungen oder durch Suizid bzw. durch Handlungen, die suizidalen Charakter tragen, wie z.B. die Einnahme einer Überdosis von Schlafmitteln, sterben. Es kommen allerdings Spontan-«Heilungen» vor, wobei aber die zugrundeliegende Psychodynamik meist bestehen bleibt (Mester, 1981).

Es wurde gelegentlich die Methode verwendet, die Anorexiepatienten mit Schwerkranken, mit Karzinompatienten in Endstadien zusammenzutun, um ihnen so drastisch aufzuzeigen, wie sehr sie ihr Leben aufs Spiel setzen und gefährden. Obschon eine solche Methode zum Ziel der verbesserten Nahrungsaufnahme führen kann und die Patienten gelegentlich davon zu überzeugen vermag, daß ihr «Hungerstreik» gefährliche Auswirkungen haben kann, ist zu bedenken, daß einc solche Behandlungsstrategie niemals das geschädigte Selbstidentitätsgefühl zu heilen vermag. Diese Patienten, die sich, wie erwähnt, häufig selbst ablehnen, benötigen unsere uneingeschränkte therapeutische Teilnahme. Werden sie lediglich gezwungen, indem sie mit Krebskranken zusammengelegt werden, sich wieder dem Leben zuzuwenden, so werden sie hintergründig doch immer noch hungerkrank sein. Es wird sich nichts geändert haben an ihrem mangelnden Selbstgefühl, an ihrem narzißtischen Defizit, an ihrem aus ihrer frühen Lebensgeschichte verständlichen Bedürfnis nach jener überzeugenden mitmenschlichen Teilnahme, die sich durch nichts abschrecken läßt.

Die Anorektikerinnen haben wohl auch Angst, in ihrem «Hunger» nach Liebe und Umsorgung ein ihnen entgegenkommendes Objekt vollkommen «auffressen» zu wollen. Das eindrückliche Hungerbild, das sie den Mitmenschen entgegenbringen, soll sie dazu motivieren, sich uneingeschränkt mit ihnen zu befassen. Die «Hungerideologie» dieser Patientinnen garantiert ihnen einerseits konstante Beachtung der Umwelt – und des Therapeuten –, andererseits führt sie bei ihnen aber auch zu ängstigenden Inkorporationstendenzen. Diese Einverleibungsneigungen kommen in den bereits erwähnten Heißhungeranfällen dieser Patientinnen zum Zuge, wobei diese Kranken danach wieder in das Abwehrsymptom der Abmagerung hinüberwechseln. Die Hungerideologie dient diesen Patientinnen also auch zur Abwehr ihrer übermäßigen Tendenz, Objekte zu inkorporieren. Mit Melanie Klein (1935/1962) können wir sagen, daß sich diese Patientinnen, ähnlich wie die Depressiven, nach dem totalen Objekt sehnen, jedoch alles daran setzen, ihre Tendenzen abzuwehren, wohl weil sie zutiefst darum wissen, daß ein einverleibtes Objekt für ein Individuum aufhört, als Objekt zu existieren. Gelingt es einem solchen Menschen, in einen therapeutischen Kontakt zu treten, so ist es dementsprechend wichtig, daß der Arzt oder Psychologe auf der einen Seite ihm zeigt, daß er bedingungslos zu ihm steht, auf der anderen Seite zu erkennen gibt, daß er unter keinen Umständen sich total in die Welt des Patienten integrieren läßt.

Hilde Bruch (1978/1980) betont, daß das Programm zur Herbeiführung der Gewichtszunahme von einem Internisten oder einem Pädiater durchgeführt werden sollte, «. . . in guter, offener Zusammenarbeit mit einem Psychiater . . .». Unter anderen Umständen würden die Patienten einen gegen den anderen ausspielen, zu einer Methode Zuflucht nehmen, derer sie sich zu Hause immer bedienten, indem sie Vater und Mutter gegeneinander ausspielten. Ein gegenseitiges Verstehen und eine gute Interaktion mit dem Pflegepersonal und den Diätexperten seien erforderlich. Die Herstellung eines angemessenen Rahmens, in dem sich das Ernährungsprogramm abspielen könne, sei von größerer Bedeutung als die Einzelheiten der jeweiligen Ernährung. Die Behandlung dieser Patienten zu Hause sei nur dann möglich, wenn das Angstniveau der Eltern nicht zu hoch liege, und wenn sie ebenfalls in Behandlung stünden. Einen Zusammenhang der Anorexie mit der Familiendynamik stellten auch THOMAE (1961) und MESTER (1981) heraus.

Viele Magersüchtige entwickeln Angst davor, feste Nahrung zu essen, und sie verbringen Stunde um Stunde damit, auch nur die kleinste Menge zu sich zu nehmen, oder sie lehnen es ab, etwas davon zu versuchen. Es kann deshalb hilfreich sein, ein proteinreiches Präparat zu verordnen, das flüssig eingenommen werden kann.

Die künstliche Ernährung von Anorektikern hat nicht nur positive Effekte, sondern entspricht auch dem Selbstbestrafungsbedürfnis dieser Kranken, besonders wenn sie durch die Magensonde erfolgt. Doch kann die intravenöse Zufuhr von lebensnotwendigen Stoffen lebenserhaltend für die Betroffenen sein. Es wird damit Streit vermieden und dafür gesorgt, daß die Verbesserung des Ernährungszustandes als medizinisches Problem erscheint. Welche Ernährung auch immer gewählt werde, ist aber die geduldig teilnehmende, unter psychoanalytischen Gesichtspunkten erfolgende Psychotherapie notwendig, um die narzißtische Grundproblematik anzugehen.

Es wurden, wie angeführt, auch verhaltenstherapeutische Ansätze gewählt und die Betroffenen belohnt oder bestraft, je nachdem ob sie gegessen oder nichts zu sich genommen hatten. In der verhaltenstherapeutischen Sprache ausgedrückt, wurden positive oder negative Verstärker gegeben. Gewichtszunahme wird belohnt, positiv verstärkt, Gewichtsabnahme bestraft, negativ verstärkt. Doch ist, wie HILDE BRUCH (1978/1980) zu Recht anführt, die Begeisterung für die Verhaltensmodifikation nicht mehr so groß wie vor einigen Jahren. Eine so erreichte Gewichtszunahme ist meist nur von kurzer Dauer. Unseres Erachtens ist es notwendig, diese Patienten langzeitig individuell psychotherapeutisch zu betreuen. Gleichzeitig ist es angezeigt, sofern es möglich ist, auch die Familie in das Psychotherapieprogramm miteinzubeziehen, da regelmäßig ein pathologisches Interaktionsmuster (HARJU und FRIED, 1981) und, teils als Mitursache, teils als Folge der Magersucht, ein Kampf um das Nahrungsaufnahmeverhalten der Kranken innerhalb der Familie ausgefochten wird. Allerdings darf dabei nicht noch mehr Abhängigkeit von der Familie geschaffen werden, als sie ohnehin schon besteht. Ein ausdrückliches Ziel der Psychotherapie ist es, im Prozesse einer Nachreifung auch zu einer Distanzierung und Lösung von der Familie zu führen.

Adipositas

Wie bereits in der Einleitung zum Kapitel über die «Anorexia nervosa» erwähnt, ist das «Futteraufnahmeverhalten» ein sehr komplexer Prozeß, der nicht nur seine psychologische Grundlage hat, sondern auch neuronal und metabolisch gesteuert wird. Bereits HETHERINGTON und RANSON (1940) haben, wie im Kapitel über Anorexie angeführt, festgestellt, daß bilaterale Läsionen in der Gegend des ventromedialen Hypothalamus bei Ratten dazu führten, daß sie an Gewicht zunahmen. Der primäre Effekt der Läsion schien zu sein, daß sie im Übermaß aßen, eine Hyperphagie entwickelten. MORLEY (1980) bezeichnet dementsprechend den ventromedialen Hypothalamus als Sattheitszentrum und den ventrolateralen Teil als Futteraufnahmezentrum. Wie neuere Untersuchungen ergeben haben (MORLEY, 1980), wirken zerebrale Überträgersubstanzen (Transmitter) regulierend auf das Futteraufnahmeverhalten. Die erwähnten hypothalamischen Kerne stehen unter konstanter Einwirkung dieser Transmitter. So kam man z. B. aufgrund von Untersuchungen an Ratten zum – allerdings nicht unbestrittenen (WALLACE et al., 1981) – Schluß, daß das zirkulierende immunoreaktive Beta-Endorphin sich im wesentlichen stimulierend auf die Futtereinnahme auswirke. Das dazu antagonistisch wirkende Naloxone hemmt offenbar den Einfluß des Beta-Endorphin und führt zu einer Abmagerung der Tiere (MARGULES et al., 1978). MORLEY und LEVINE (1980) haben festgelegt, daß das streßinduzierte Essen von Ratten durch die Endorphine vermittelt wird. Diese streßbedingten Eßreaktionen der Ratten konnten durch den Opiatantagonisten Naloxone aufgehoben werden. Es scheint demnach, daß das endogene Endorphin wesentlich bei der Kontrolle des Nahrungsaufnahmeverhaltens mitwirkt.

MCCLOY und MCCLOY (1979) haben nun die Hypothese aufgestellt, daß Adipöse süchtig geworden seien in bezug auf die Stimulation durch endogene Opiate. Diese Theorie ist durch Untersuchungen von PRADALIER et al. (1980) an Adipösen zu erhärten versucht worden. Würde diese Annahme zutreffen, so könnte man auch verstehen, weshalb Zusammenhänge zwischen der Fettsucht und der Schmerzempfindlichkeit der Betroffenen festgestellt wurden, wobei bei den adipösen Frauen, die untersucht wurden, eine erhöhte Schmerzempfindlichkeit festgestellt wurde (PRADALIER et al., 1980).

Es sind jedoch nicht nur die endogenen Opiate, die sich auf den Hunger auswirken, sondern auch andere Überträgersubstanzen des Gehirns, wie beispielsweise das Serotonin, das Dopamin, das Noradrenalin. Sie stehen alle mit dem endogenen Morphin in einem Wechselverhältnis. MORLEY (1980) macht darauf aufmerksam, daß das Sattheitszentrum im ventromedialen Hypothalamus unter positiver Serotoninkontrolle stehe. Wird durch irgendwelche Stoffe Serotonin mobilisiert, kommt es zur Anorexie, werden intraventrikulär Serotoninantagonisten gegeben, so wird diese Wirkung aufgehoben, und es tritt eine Hyperphagie ein. Wird Noradrenalin in den ventromedialen Hypothalamus der Ratte gespritzt, so wird die Nahrungsaufnahme angeregt. Das Dopamin scheint ebenfalls einen fördernden Einfluß auf die Futteraufnahme auszuüben und vor allem auf den lateralen Hypothalamus einzuwirken. Alle diese Transmitter stehen in wechselseitiger Beziehung zueinander und wirken zum Teil gleichsinnig und zum Teil antagonistisch auf die erwähnten Gehirnzentren, die die Futtereinnahme regulieren.

Hyperphagie mit nachfolgender Fettsucht wurde bei Schäden im ventromedialen Hypothalamus nicht nur bei Ratten, sondern auch bei anderen Nagetieren, bei Katzen, bei Affen und beim Menschen beobachtet. Das ventromediale hypothalamische Syndrom wechselt im Verlaufe der Zeit. Unmittelbar nach Setzung der Läsion essen die Ratten abnorm große Mahlzeiten, und sie nehmen auch häufiger, speziell während des Tages, Nahrung zu sich, während sie sonst üblicherweise hauptsächlich nachts essen. Am Ende der ersten Woche nach der Läsion nimmt die Größe des Mahls ab, doch die Menge des Essens ist immer noch größer als üblicherweise. Während dieser Hyperphagieperiode nimmt die Ratte rasch an Gewicht zu. Dieses Ansteigen des Körpergewichts ist hauptsächlich auf eine Fettzunahme zurückzuführen. BROBECK et al. (1943) haben dieses *Stadium der Hyperphagie* und des rapiden Gewichtsanstieges als die *dynamische Phase* des Syndroms bezeichnet. Etwa 1–2 Monate nach der Läsion des ventromedialen Hypothalamus sind die Größe der Mahlzeit und die Frequenz der Futtereinnahme beinahe normalisiert, obschon die Futteraufnahme während des Tages immer noch häufiger ist als vor der Läsion. Die verminderte Futteraufnahme führt zu einem herabgesetzten Ansteigen des Körpergewichts, bis es zu einem normalen Anstieg des Körpergewichts kommt, wobei allerdings das Körpergewicht dieser Ratten viel höher bleibt, als es normalerweise sein müßte. Diese Periode von normaler Futteraufnahme und normalem Gewichtsanstieg bei bestehender Fettsucht wird von den erwähnten Autoren als die *statische Phase* des Syndroms bezeichnet. Das Wegfallen der Hyperphagie in dieser sogenannten statischen Phase ist nun nicht etwa das Resultat einer Erholung der normalen neuronalen Kontrolle des Futtereinnahmeverhaltens während dieses Monats nach Setzung der Läsion im ventromedialen Teil des Hypothalamus, denn die Hyperphagie tritt wieder auf, wenn bei den entsprechenden Ratten für einen Gewichtsverlust gesorgt wird. Werden Ratten fett gemacht, bevor ihnen der Schaden im ventromedialen Hypothalamus gesetzt wurde, dann zeigen sie übrigens keine Hyperphagie nach Setzung dieser Läsion (HOEBEL und TEITELBAUM, 1966), aber sie behalten das exzessive Körpergewicht bei. Es wäre demnach so, daß die Ratten in der statischen Phase dieses ventromedialen Hypothalamussyndroms genügend essen, um ihr exzessives Körpergewicht aufrechtzuerhalten. Doch sind sie nicht länger hyperphag.

Die Tatsache, daß Hyperphagie nach Schädigung des ventromedialen Hypothalamus umgekehrt proportional korreliert ist mit Fettsucht, ist eine der Ursachen, weshalb KENNEDY (1953) postuliert hat, daß Körperfett das Fütterungsverhalten einschränkend beeinflussen müsse. Die Hyperphagie ist übrigens, mehr als der Norm entspricht, mit abhängig vom Faktor Geschmack, d.h. sowohl von guten als auch von schlechten Geschmäcken.

Die lipostatische Hypothese beruht auf der Beobachtung, daß die Menge des Depotfettes, bezogen auf das Körpergewicht, bei erwachsenen Säugetieren bis ins hohe Alter konstant bleibt (KENNEDY, 1953). Diese Beziehung ist nicht vorhanden bei sich in Entwicklung befindlichen Ratten. KENNEDY (1953) interpretierte diese konstante Korrelation zwischen dem Fettdepot und dem Körpergewicht bei erwachsenen Säugetieren dahingehend, daß das Körperfett die Futtereinnahme beim erwachsenen Tier hemme. Diese lipostatische Hypothese wurde experimentell getestet, indem bei anwachsender bzw. bei abnehmender Körperfettmasse der Effekt auf die Futtereinnahme gemessen wurde. Wurden die Fettmasse und das Körpergewicht durch tägliche Gabe von Insulin (HOEBEL und TEITELBAUM, 1966) oder durch exzessive Sondenfütterung (COHN und JOSEPH, 1962) erhöht, dann war die Futteraufnahme erniedrigt. Wurden die Insulingabe und die Sondenfütterung sistiert, so blieb die Futtereinnahme teilweise behindert, bis das Körpergewicht und die Fettmenge wieder zu normalen Werten kamen. So konnte auch das Umgekehrte beobachtet werden, wenn nämlich das Körpergewicht und die Fettmasse erniedrigt wurden. Die Tiere aßen mehr, bis das verlorene Körpergewicht wieder erreicht wurde. Es wurden Hypothesen aufgestellt, wie das ventromediale hypothalamische Syndrom in Bezug gesetzt werden kann zur Interrelation zwischen Körperfett und Nahrungsaufnahme. So wurde z.B. behauptet (KENNEDY, 1953), daß die ventromediale Hypothalamusläsion die Sensitivität des neuronalen Systems, welches die Futtereinnahme kontrolliert, in bezug auf den hemmenden Effekt des Körperfettes erniedrigt. Deshalb würden also diese Tiere mehr essen. Wenn aber die Fettmasse dann wieder groß genug sei, um diese Insensitivität zu überwinden, dann würde die Futteraufnahme gehemmt und die Hyperphagie beendet. Die Autoren HIRSCH und HAN (1969) zeigten, daß die Fettmasse von Ratten mit ventromedialem Thalamussyndrom charakterisiert ist durch eine normale Zahl von sehr großen Zellen. Es sprechen auch andere Untersuchungsbefunde dafür, daß die vergrößerten Fettzellen die Basis für die hypostatische Hemmung der Futtereinnahme bilden.

Es sind natürlich noch andere Faktoren entscheidend für die eingenommene Futtermenge, so z.B. die Umgebungstemperatur – es wird mehr in der kalten und weniger in der warmen Jahreszeit gegessen. Aber auch der Umstand, ob emotionale Spannungen vorliegen und eine entspannte «Atmosphäre» herrscht, ist für das Futtereinnahmeverhalten entscheidend. Dabei sind die Auswirkungen unterschiedlich. Die einen essen bei Spannung und Kummer viel (Kummerspeck), die anderen weniger, wobei es bisher unbekannt ist, weshalb diese unterschiedlichen Verhaltensweisen vorkommen.

Sicher spielt auch noch eine Rolle, wie rasch gegessen wird, wieviele Bissen beim Kauen erfolgen, welcher der Grad der Magenfüllung ist und wie rasch der Mageninhalt entleert wird.

MAYER und BATES (1952) haben eine glukostatische Hypothese aufgestellt und haben den Glukosestoffwechsel zum Futteraufnahmeverhalten in Beziehung gesetzt. Ihre Hypothese besteht aus drei Hauptpunkten:

1. Die glukostatische Kontrolle der Futteraufnahme wirke auf der Basis der durch die einzelne Mahlzeit bedingten Zuckerkonzentration im Blut.
2. Die Glukoseverwendung durch das Gehirn, speziell durch die ventromediale Zone des Hypothalamus, sei der kritische Parameter des Glukosestoffwechsels, welcher das Futtereinnahmeverhalten kontrolliere.
3. Die Futtereinnahme und die gebrauchte Glukose seien umgekehrt proportional zueinander, so daß ein verminderter Glukoseverbrauch die Futteraufnahme anrege, während ein erhöhter Glukoseverbrauch die Futteraufnahme hindere.

BROBECK (1979) kommt zum Schluß, daß, bis neue Untersuchungen anderes beweisen, angenommen werden müsse, daß durch erniedrigten Glukosegebrauch das Gehirn angeregt werde, daß diese Tatsache auf einer metabolischen Notfallreaktion beruhe, daß die erwähnten Umstände aber nichts zu tun hätten mit der Anregung der Futteraufnahme unter normalen Umständen. RUSSEK (1975) erwähnt, daß der Leberglukosestoffwechsel viel eher die Futtereinnahme kontrolliere als der zentralnervöse Glukosemetabolismus.

Wir können im Zusammenhang unserer Überlegungen nicht weiter auf alle Theorien eingehen. Sie lassen uns aber die Fülle der vorhandenen Untersuchungsresultate erkennen, die alle weiterer Bearbeitung bedürfen. Ferner zeigen sie uns, wie eng im Tierversuch das somatische Substrat mit der psychologischen Situation bei der Nahrungsaufnahme zusammenhängt. Wir können zwar keine direkten Schlüsse vom Tierreich auf den Menschen ziehen, haben aber Grund zur

Annahme, daß das menschliche Futtereinnahmeverhalten von vielfältigen physiologischen, psychologischen, klimatischen und anderweitigen Faktoren mitbestimmt ist.

Wir wenden uns nun dem emotionalen Aspekt der Adipositas zu, wobei wir uns auch hier bewußt sein müssen, daß die Erkenntnisse immer weiterer Ergänzung bedürfen. Zudem wird es vielleicht einmal möglich werden herauszufinden, wie die körperlichen Prozesse und die emotionalen Gegebenheiten zusammenhängen.

Adipöse stellen augenfällig Menschen dar, die infolge ihrer «Hungerkrankheit» dazu neigen, übermäßig zu essen oder aber die Nahrung mehr als optimal zu verwerten. Meist nehmen sie die Nahrung sehr rasch, hastig zu sich, so daß das Hungergefühl dahinter nachhinkt. Sie haben demnach immer noch Hunger, wenn sie objektiv längst «den Magen gefüllt haben». Oft wirkt ihr Essensstil so, daß man geradezu an eine Gier denken könnte. Sie essen auch dann noch, wenn der lustvoll erlebte Appetit verschwunden und nur noch die Einverleibungstendenz, der «Hunger», übriggeblieben ist.

Perls (1947/1978) spricht davon, daß gewisse Erwachsene feste Nahrung so behandelten, «als ob sie flüssig wäre und in großen Schlucken verschluckt werden könnte. Solche Menschen sind immer durch Ungeduld gekennzeichnet.» Sie hätten kein Interesse an der Zerstörung fester Nahrung entwickelt. Ihre Ungeduld sei gepaart mit «Gier und der Unfähigkeit, Befriedigung zu erlangen». Perls (1947/1978) meint damit wohl das gierige Verschlucken von Objekten, das dazu führt, daß die Objekte nicht mehr als solche wahrgenommen werden. Daher können diese Menschen keine eigentliche Befriedigung durch die Nahrung erlangen, und sie neigen dazu, immer mehr zu essen. Fettsüchtige sind also keineswegs immer Menschen, die die Nahrung genießen. Sie nehmen vielmehr Essen stets in großer Menge ungeduldig zu sich, wohl weil sie – vergeblich – hoffen, einmal wirklich gesättigt sein zu können.

Es ist bekannt, daß die Art und die Menge der Nahrungszufuhr in frühester Kindheit nicht nur im Lernprozeß für die spätere Weise der Nahrungsaufnahme entscheidend sind, sondern auch als Faktoren für die Bedürftigkeit (nach Fett) und die Zahl der Fettzellen im Körper. Wer einen Lernprozeß in Richtung übermäßiger Nahrungsaufnahme durchgemacht hat, ist – mehr oder weniger – auch körperlich darauf fixiert. Diese Individuen sind auf Hunger dressiert.

Menschen, die einen Lernprozeß zum Essen hin durchgemacht haben, sind weniger imstande als andere, äußerer Versuchung zu widerstehen. Die Fettsüchtigen neigen – wie alle Süchtigen – dazu, durch Objekte rascher als andere fasziniert zu werden und sie sich dann einzuverleiben. Haben sie sie geschluckt, so müssen sie diesen Prozeß stets von neuem wiederholen, weil ein Objekt, das verschluckt, «inkorporiert» wird, für sie aufhört, Objekt zu sein. Damit bleiben die Betroffenen ungesättigt und unersättlich. Sie müssen immer wieder das Suchtobjekt, die Nahrung, in sich aufnehmen, um ihr beeinträchtigtes Selbst zu verstärken, um mehr «Gewicht» im sozialen Sinne, vor allem für sich selbst, zu erlangen. Diese Individuen haben in ihrer Vorstellung eine Selbstrepräsentanz, die mit ihrer Übergewichtigkeit zusammenhängt. Sie fürchten, bei einem Gewichtsverlust, an sozialem Gewicht, an Bedeutung und an äußerem Reiz zu verlieren – vielleicht aber auch attraktiver zu wirken und so gezwungen zu sein, wieder vermehrt mit der Umwelt in Kontakt zu treten und/oder ein «Fettpolster» zu verlieren und so veranlaßt zu werden, näher mit der Umwelt in Verbindung zu treten.

Die Fettsüchtigen sind, in der Sprache Melanie Kleins (1940/1962) ausgedrückt, ständig auf der Suche nach einem sie und ihre Bedeutung verstärkenden Objekt. Da diese Individuen meist in ihrer Kindheit nie jenes liebende, zuwendende und bestätigende Objekt erfahren haben, dessen Erleben für eine gedeihliche Entwicklung unabdinglich ist, und da sie damit auch keine adäquate Selbstrepräsentanz und nur eine schlechte Objektrepräsentanz zu entwickeln vermochten, suchen sie zeitlebens nach jener Selbstbestätigung und nach jener Fusion mit einem Objekt, das sie endgültig über ihren Mangel hinwegbrächte. Sie werden in ihrer Fusionstendenz mit einem Objekt nie befriedigt sein können, und sie werden deshalb stets unersättlich dazu neigen, sich neue Objekte zuzuführen.

Pudel und Meyer (1981) stellen unter anderem fest, daß Fettsüchtige stärker abhängig sind als andere Menschen von externen Reizen, die mit der Nahrungsaufnahme verbunden sind. Während ganz allgemein das Hungergefühl durch interne Signale (z. B. Magenfüllung) geregelt wird, so ist es offenbar bei Adipösen so, daß äußere Reize eine besondere Rolle spielen. Die beiden Autoren zitieren den Forscher KATZ (1932), der eine Zwei-Komponenten-Theorie des Hungers formuliert hat. Seine Experimente – vorwiegend an Hühnern – belegten nachhaltig, daß die Nahrungsaufnahme sich nicht nur nach dem physiologischen Zustand des Organismus regelt, sondern auch nach der äußeren Situation, die das entsprechende Lebewesen antrifft. SCHACHTER et al. (1962) konnten wiederholt das Eßverhalten der Fettsüchtigen von demjenigen der Normalgewichtigen unterscheiden. SCHACHTER (1962) fand nun, sich stützend auf die Zwei-Komponenten-Theorie von KATZ (1932), daß das spezifische Eßverhalten der Adipösen stärker unabhängig von internen, physiologischen Reizen und damit mehr abhängig von externen Reizen sei, die mit der Nahrungsaufnahme verbunden seien. Schöpft man Adipösen nach, so werden sie durch die sichtbare Nahrung in ihrem Hungergefühl angeregt und das Essen verzehren, selbst wenn sie vorher schon genügend Nahrung zu sich genommen haben. Psychodynamisch ausgedrückt, kann man dementsprechend sagen, daß sie durch das Sichtbar-werden von – eßbaren – Objekten angeregt werden, sie zu inkorporieren. Mit den Augen und dem offenbar darin zum Ausdruck kommenden (geschädigten) Selbstgefühl sind sie unersättlich. Auch diese Beobachtung spricht dafür, daß diese Menschen im Grunde das totale Objekt wünschen, jedoch alles stets höchstens als unbeständiges Teilobjekt erleben. Dabei bleiben sie ungesättigt.

Eine 43jährige Frau berichtete darüber, daß ihr Vater ursprünglich in einem Unternehmen eine leitende Funktion inne hatte und wegen seines Alkoholismus einen sozialen Abstieg durchmachte. Er habe in der Kindheit mit ihr sehr weich, zugänglich sein können, und sie habe mit ihm dann jeweils eine enge Beziehung unterhalten. Handkehrum sei er aber, in der Trunkenheit, entsetzlich brutal gewesen. Sei der Vater alkoholisiert nach Hause gekommen, habe die Mutter, mit der älteren Schwester zusammen, die Wohnung verlassen und den Vater alleine der Patientin überlassen. Bisweilen habe sie ihn zu beruhigen vermögen, oft jedoch habe sie vor dem zerstörerischen Wüten des Vaters im Nachthemd auf den nahen Polizeiposten fliehen müssen.

Sie selbst habe ihn dann bei einer Beratungsstelle für Alkoholkranke angemeldet, damit er «versorgt» werde. Sie entwickelte Gefühle der Verantwortlichkeit für alle Vorgänge in der Familie sowie heftige Schuldgefühle infolge ihrer Wut über jeden Unterbruch familiärer Harmonie. Schon im Kindergartenalter habe sie Haushaltpflichten auferlegt bekommen, wie Einkaufen, Abwaschen, Gemüse richten, so daß sie oft zu spät in den Kindergarten gekommen sei. Infolge der prekären Finanzlage der Familie habe die Mutter einer Arbeit nachgehen müssen. Mit dem Geld habe sie gegeizt. Von der Tochter habe sie Unterstützung erwartet, sie aber nicht nur nicht gefördert, sondern oft auch, wegen ihrer speziellen Beziehung zum Vater, abgelehnt. Bei der Kranken stellten sich einerseits Haßgefühle gegen die Mutter ein, andererseits aber hatte sie den – unerfüllten und unerfüllbaren – Wunsch nach Versorgtwerden und Abhängig-sein-dürfen.

In der Familie traten bei Tisch immer wieder Momente der Harmonie auf, aus denen unsere Patientin irgendwie Hoffnung und Kraft zu schöpfen vermochte. Zu den Mahlzeiten hatte man eine sehr lustbetonte, freudige Beziehung. In Erinnerung an diese Momente konnte sich die Kranke später immer wieder finden, indem sie die Einnahme einer Tasse Kaffee und eines Stückes Brot in der Phantasie zu einem Festessen umgestaltete. Es braucht wohl nicht besonders betont zu werden, daß die Patientin alle Unbill mit Essen zu kompensieren versuchte. Nach Primar- und Sekundarschule absolvierte die von Kind auf Adipöse eine Lehre, um sich als Korsettnäherin ausbilden zu lassen. Bei der Abschlußprüfung lernte sie ihren späteren Gatten kennen, einen Maler. Die ersten Ehejahre waren durch schwere finanzielle Probleme überschattet, vor allem als die Absicht der Rückzahlung von Krediten, die wohl infolge der hohen Ansprüche der Patientin aufgenommen worden waren, durch zusätzliche finanzielle Pflichten bei der Geburt von zwei Söhnen und Krankheiten der Patientin durchkreuzt wurde. Der Mann gab sich zunehmend dem Handballspiel hin und entsprach in keiner Weise den Wünschen seiner Frau nach Umsorgtwerden. Es entstanden schwere Eheprobleme, unter anderem auch wegen einer dritten, unerwünschten Gravidität. Um Raten abzahlen zu können, arbeitete der Gatte bis spät in die Nacht. Er brach schließlich mit einer Diskushernie zusammen, konnte allerdings wiedereingegliedert werden. Die Patientin kam zu uns zur Therapie, nachdem der älteste Sohn sich von der Familie abgelöst hatte, und als eine befreundete Krankenschwester, die die Familie zu stützen half, gebrechlich wurde.

Bei dieser adipösen Frau ließ sich erkennen, daß sie im Grunde noch immer – «hungrig» – nach jener Geborgenheit und jenem emotionalen «Ernährtwerden» strebte, an dem ihr in der Kindheit gebrach. Sie hatte früh eine Verantwortung übernehmen müssen, der sie nicht gewachsen war. Umso mehr neigte sie später zu einem narzißtisch-fusionären und oral-inkorporativen Bezug zur Umwelt. Diese Probleme waren ihr keineswegs bewusst. Sie hatte eine nur sehr rudimentäre Beziehung zu ihrer Gefühlswelt, litt an einer Alexithymie, wie sie SIFNEOS (1973) als typisch für alle psychosomatisch Gestörten beschreibt. Die Patientin suchte ständig nach dem «guten» Objekt, hatte sie es aber «verschluckt», bzw. war sie eine Fusion mit ihm eingegangen, so erwies sich das Objekt als «böse», wie MELANIE KLEIN (1932) es geschildert hat, weil es dann für sie kaum mehr vorhanden war. Die Adipösen empfinden denn auch die übermäßig aufgenommene Nahrung mehr oder weniger als selbstzerstörerisch.

GRINKER (1953) betont, daß es falsch sei, beim Kind und in Fällen von frühen Fixierungen auf die ersten Kindheitsmonate und -jahre nur über die orale Libido zu sprechen, denn Lust könne in den frühesten Entwicklungsphasen von jedem Organ oder jeder körperlichen Zone erlangt werden. Ich kann diese Ansicht teilen und muß nur ergänzen, daß in der frühen Phase der Entwicklung vor allem die Haut ein Organ ist, das bereits intra utero (in der Gebärmutter) für Austauschvorgänge mit der Umgebung dient und unmittelbar nach der Geburt wie auch später bei der Reizaufnahme von ausschlaggebender Bedeutung ist. Wird ein Kleinkind nicht geliebt und nicht an der Mutterbrust bzw. am Mutterleib (taktil) geherzt, so wird es während des ganzen Lebens in jener fusionär-narzißtischen sowie oral-kaptativen Manier, wie wir sie bei der erwähnten Patientin beobachten können, unersättlich sich an Objekte schmiegen und/oder sie sich einverleiben wollen. Bei der Kranken kam, wie es gewöhnlich der Fall ist, hinzu, daß sie noch einen Lernprozeß in Richtung ihres Problemlösungsverhaltens durch Fusion mit Objekten und/oder Einführung der Objekte in den Mund durchmachte. Kaum hatte sich bei ihr ein Problem ergeben, so begann sie, ohne Bezug auf die Art der aufgekommenen Frage, zu essen. Es entwickelte sich bei ihr das, was man landläufig als «Kummerspeck» bezeichnet. Die daraus folgende Adipositas ist ein sinnfälliges Zeichen einer «Hunger»-Krankheit.

Vielleicht hat die frühe Psychoanalyse zuviel Gewicht auf die Oralität gelegt. Man konnte dabei fälschlicherweise annehmen, es sei entscheidend, ob der Säugling Muttermilch oder künstliche Ernährung erhalte. Natürlich ist es in Entwicklungsländern nicht günstig, wenn die Mütter der Brusternährung total entwöhnt werden, zumal dort die hygienischen Bedingungen meist so schlecht sind, daß künstliche Milch oft infiziert abgegeben wird. Doch ist zu sagen, daß, bei richtiger Information dieser Mütter, dieser Faktor behoben werden kann. Allerdings sollte jede Mutter darauf aufmerksam gemacht werden, daß auch bei Verarbreichung künstlicher Nahrung mittels Flasche der Hautkontakt mit dem Kleinkind notwendig ist. Bei der Brusternährung erfolgt eine Berührung des Mundes mit der Brustwarze und somit eine innige taktile Beziehung der Mutter mit dem Kind. Wird die Flasche gereicht, so ist die Milch warm (Körpertemperatur) zu geben, und es erfolgt dabei ein warmer Kontakt mit dem Schnuller. Doch genügt die dabei erfolgende Berührung nicht. Es muß das Kind, wie erwähnt, dazu noch Gelegenheit erhalten, mit der Körperwärme der Mutter taktil in Verbindung zu treten, wenn es nicht «hungrig» in bezug auf die Zufuhr von Wärme und Stimulation, die zur Entfaltung eines gesunden Selbstwerterlebens und einer adäquaten Objekteinschätzung notwendig ist, bleiben soll. Ich habe deshalb die erste Phase der Kindheitsentwicklung, jene die unmittelbar an die Geburt anschließt und etwa bis zum 8./9. Lebensmonat dauert, als die taktile bezeichnet. Das Kind benötigt in dieser Phase die taktile Berührung, die Fusion bzw. die Symbiose mit der Mutter (Mahler, 1968/1972). Der Zoologe Portmann (1944) hat schon festgestellt, daß der Mensch als physiologische Frühgeburt zur Welt kommt. Im Vergleich zu den Primaten benötigt deshalb der Mensch einen sozialen Uterus, um zu gedeihen. Funktioniert die Umgebung nicht in der richtigen Weise, findet eine Umsorgung nicht entsprechend statt, so bleibt das Kind geschädigt. Aber auch wenn eine «Überfütterung» des Kindes in bezug auf taktile – und orale – Reize erfolgt, wenn es überstimuliert wird, kann es in dieser taktilen Phase, aber auch später, geschädigt werden. Es wird bei Unterversorgung wie bei Überbehütung zeitlebens nach Fusion, nach Ernährung, nach Aufnahme von Objekten Ausschau halten. Ob primär oder sekundär frustriert, kommt in diesem Sinne auf das Gleiche heraus. Der Londoner Psychoanalytiker W. SCHINDLER (1968) gab dieser Tatsache so Ausdruck, daß er sagte, daß primär Verwöhnte immer sekundär Frustrierte seien.

Solche grundlegenden frühkindlichen Störungen sind wohl bei der Mehrzahl der späteren Fettsüchtigen vorhanden.

Wie BACHOFNER und STRANSKY (1977) sowie STAUDER (1959) zurecht feststellen, muß die Adipositas heute als eines der wichtigsten Ernährungsprobleme betrachtet werden. Es bestehen, wie diese Autoren anführen, nahezu lineare Beziehungen zwischen dem Grad der Fettsucht und steigender Morbidität, bedingt vorwiegend durch kardiovaskuläre Erkrankungen, wie Arteriosklerose, Myokardinfarkt, Hypertonie, apoplektischer Insult, sowie durch Diabetes mellitus, Erkrankungen des Bewegungsapparates usw. Daher ist das Problem der Fettsucht, neben seiner Bedeutung als Indikator für emotionale Mangelerfahrung oder Überbehütung, ein zentraler Faktor, an dem es zur Vorbeugung der erwähnten und anderer Erkrankungen anzusetzen gilt.

STUNKARD et al. (1959) haben 25 Fettsüchtige am New York Hospital untersucht, die therapeutisch sehr schwer beeinflußt werden konnten, und sie mit 38 Patienten ohne Gewichtsprobleme verglichen. Es hat sich dabei gezeigt, daß die schwer beeinflußbaren Fettsüchtigen viel häufiger nächtlicherweise aßen als die unauffällige Kontrollgruppe. 16 der 25 übergewichtigen Patienten berichteten über dieses Nacht-Eß-Syndrom, während von den 38 Kontrollpersonen niemand exzessives Essen in der Nacht erwähnte. Es ließ sich erkennen, daß insbesondere akute emotionale Störungen zu einem Übermaß an nächtlichem Essen führten. Versuchten die Betroffenen, auf den wiederholten Gang zum Eisschrank und das Nacht-Essen zu verzichten, so wurden sie depressiv, oder sie wiesen anderweitige Verstimmungen auf. Offenbar trachteten sie danach, mit Hilfe des nächtlichen Essens ein emotionales Defizit, das besonders nachts auftrat, zu kompensieren. Wir wissen aus unserer eigenen Erfahrung, daß narzißtisch Beeinträchtigte vor allem nachts unter Einsamkeitsgefühlen leiden und deshalb dann darauf aus sind, eine Fusion mit einem Objekt einzugehen, um sich so eine Stärkung zu verleihen. STUNKARD et al. (1959) sprechen davon, daß diese Patienten mit Nacht-Eß-Syndrom beinahe alle schlafgestört sind und daher in dieser Zeit den Eisschrank räumten. Ihre Insomnie spreche ebenfalls für die emotionale Beeinträchtigung dieser Menschen. Aus unserer Sicht können wir sagen, daß narzißtisch Gestörte sich besonders nachts allein gelassen fühlen und deshalb etwa auch schlafgestört sind.

MANFRED BLEULER (1952) führt an, daß es keine Schwierigkeiten bereite, die Eßsucht, die Trägheit der Betroffenen und deren Verfettung im Rahmen ihrer Persönlichkeitsentwicklung psychologisch zu verstehen. Freilich müßten wir uns, wie der Autor sagt, davor hüten, aus einem solchen Verständnis heraus schon sichere Schlüsse auf eine rein psychische Kausalität zu ziehen.

FREYBERGER und STRUBE (1963) haben anhand der Befunde von 20 weiblichen und 20 männlichen Fettsüchtigen die Motivation gesteigerter Eßbedürfnisse eingehend explorativ und testpsychologisch zu erfassen versucht. Sie betonen, daß die Umgebung einen wesentlichen Einfluß auf die Eßbedürfnisse dieser Menschen ausgeübt habe und sprechen von einer «peristatischen Induzierbarkeit» der gesteigerten Nahrungsmittelaufnahme. Das vermehrte Eßbedürfnis verstehen sie aber auch als Ausdruck einer «Ersatzbefriedigung» für sonst nicht erfüllte Triebregungen oder, in der Sprache der vergleichenden Verhaltensforschung ausgedrückt, als eine «Übersprungsbewegung», also als eine Handlung, die bei Tieren zu beobachten ist und dann eintritt, wenn sich unter bestimmten Hemmungsbedingungen eine aktivierte Erregungsenergie für eine bestimmte Triebhandlung über die Bahn einer anderen Triebhandlung entlädt. Die Autoren weisen darauf hin, daß es zum Verständnis der Verleugnungstendenz dieser Patienten wesentlich sei zu erkennen, daß derartige Übersprungsbewegungen häufig nur vorbewußt wahrgenommen würden, nicht selten sogar ganz unbemerkt blieben und erst sekundär eine Wahrnehmung erführen.

Um einerseits die Psychologie Adipöser besser verstehen

zu lernen und andererseits das Nahrungsaufnahmeverhalten dieser Patienten eventuell wirksamer beeinflussen zu können, wurde an der Basler Psychiatrischen Universitätspoliklinik mit adipösen Patienten eine psychotherapeutische Gruppe zusammengestellt. Die Gruppenpsychotherapie fand unter der Leitung eines Arztes statt und war vorwiegend analytisch orientiert. Es wurde einmal wöchentlich eine Sitzung von 1½ Stunden Dauer durchgeführt. In der Zeit von März 1976 bis Mai 1978 wurden 88 Gruppensitzungen abgehalten. Nach jeder Gruppenpsychotherapiesitzung wurde vom Leiter ein Protokoll geschrieben, in dem er die Teilnehmerzahl, die Namen der Patienten, das – nach jeder Sitzung gewogene – Körpergewicht der Beteiligten und, nach Möglichkeit, die Zahl und die Arten der Interaktionen festhielt. Der Gruppenleiter besuchte regelmäßig die allwöchentlich stattfindenden Supervisionssitzungen der Poliklinik. Zwei Jahre später, vom 29. Januar bis zum 16. April 1980, wurden in Einzelbesprechungen Katamnesen aufgenommen.

Da die Problemstellung nicht noch weiter kompliziert werden sollte, wurden vorläufig lediglich Frauen in die Gruppe aufgenommen. Die Patientinnen waren teils spontan in die Psychiatrische Universitätspoliklinik gekommen, teils von behandelnden Psychiatern oder anderen Ärzten ihr zugewiesen worden. Nach dem Erstinterview mit dem Gruppenleiter wurden die adipösen Frauen für die Teilnahme an der Gruppe vorgeschlagen. Die Eintrittsdaten erstreckten sich vom 17. März 1976 bis zum 25. Juli 1977. Insgesamt waren 11 adipöse Frauen an der Gruppe beteiligt. Anläßlich eines einstündigen Erstinterviews wurden eine psychodynamische sowie eine psychiatrische Diagnose formuliert. Es wurde zusätzlich das Körpergewicht zur Zeit des Gesprächs festgehalten, eine Anamnese der Adipositas aufgenommen, inklusive Körpergewicht der Eltern und Eßgewohnheiten in der Ursprungsfamilie. Ferner wurden allgemeine soziale Daten erhoben.

In *Tabelle I* sind die psychiatrischen Diagnosen, das initiale Körpergewicht, die Frage der Adipositas der Eltern und, wenn möglich, der ungefähre Beginn der Adipositas der Patientinnen festgehalten*.

* HANSPETER LIPP, URSULA MIEST, CHRISTINE GLAUSER und UDO RAUCHFLEISCH sei auch an dieser Stelle für ihre wertvolle Hilfe bei der Zusammenstellung der Daten gedankt (BATTEGAY et al., 1981).

Tabelle I: Persönliche Daten.

Patientin Nr.	Jahrgang	Diagnose	Initiales Körpergewicht	Vater adipös	Mutter adipös	Adipös seit
1	(1952)	Narzißtische Neurose	115 kg	–	+	Kleinkind
2	(1951)	Depressiv-narzißtische Neurose	168 kg	+	–	Primarschule
3	(1941)	Narzißtische Neurose	97,5 kg	+	–	26jährig, post OP
4	(1937)	Narzißtische Neurose	124 kg	+	+	Säugling
5	(1943)	Depressive Neurose	103,5 kg	–	–	23jährig, Ausland
6	(1919)	Ödipale Neurose	92 kg	+	–	26jährig, 1. Gravidität
7	(1947)	Neurotischer Infantilismus	60,5 kg	+	+	25jährig, 1. Gravidität
8	(1923)	Narzißtische Neurose	91 kg	–	+	22jährig, 1. Gravidität
9	(1957)	Angstneurose	89 kg	+	–	Vorpubertät
10	(1946)	gesund	77,5 kg	+	–	Kleinkind
11	(1914)	Narzißtische Neurose	107,5 kg	–	–	32jährig, post Infektionskrankheit

Tabelle II: Verlauf des Körpergewichts.

Pat. Nr.	*Absolutes Körpergewicht* (kg)			*Relatives Übergewicht* (%)		
	Beginn der Gruppenpsychotherapie (t_1)	Ende der Gruppenpsychotherapie (t_2)	Katamnestische Untersuchung (t_3)	Beginn der Gruppenpsychotherapie (t_1)	Ende der Gruppenpsychotherapie (t_2)	Katamnestische Untersuchung (t_3)
1	115	97	115	80	52	80
2	168	186	190	205	238	245
3	97,5	72	73	52	13	14
4	124	126,5	128	118	122	125
5	103,5	104	97	50	51	41
6	92	78,5	84	70	45	56
7	60,5	52	59	19	2	16
8	91	89,5	94	47	28	52
9	89	78	62	56	37	9
10	77,5	74	80	27	21	31
11	107,5	104	105	111	104	106
Summe	1125,5	1061,5	1087	835	713	775
Mittelwert	102,3	96,5	98,8	75,9	64,8	70,5

Zur Katamnesenerhebung wurden die 11 Patientinnen mittels eines Briefes um ein Gespräch in der Psychiatrischen Universitätspoliklinik gebeten. Vom 29. Januar 1980 bis zum 16. April 1980 kamen sie je zu Einzelkonsultationen. Folgende Daten wurden anläßlich dieses Gesprächs erhoben: Körpergewicht zur Zeit der Katamnesenerhebung, Veränderung der Arbeitssituation und der Bezugspersonen, andere Ereignisse seit Austritt aus der Gruppe, Psychotherapie oder andere Behandlung seit Abschluß der Gruppenbeteiligung, zur Zeit der Befragung eingehaltene Diäten, Medikamenteneinnahme, retrospektive Beurteilung der Gruppe, Beurteilung der Qualität der aktuellen Lebenssituation.

In bezug auf die Resultate gibt vorerst *Tabelle II* eine Übersicht über das Körpergewicht der Beteiligten zu Beginn und am Ende der Gruppenaktivität sowie zur Zeit der katamnestischen Untersuchung etwa zwei Jahre nach Abschluß der Gruppenbehandlung. Es wurde dabei als Idealgewicht das Gewicht mit höchster Lebenserwartung genommen (Stat. Bull. Metrop. Life Insur. Co. 40, Nov./Dec. 1959).

Auf *Tabelle III* ist angeführt, ob die Patientinnen in psychiatrischer oder anderweitiger Behandlung standen, Diät einhielten, Appetitzügler einnahmen, und ob sie zusätzlich an einem körperlichen Leiden krank waren.

In *Tabelle IV* werden besondere Charakteristika von Bezugspersonen und Arbeitsplatz, die erlebte derzeitige Lebensqualität und andere soziale Besonderheiten angeführt.

Tabelle III: Behandlung.

Pat. Nr.	Psychiatrische Behandlung	Sonstige Therapien	Diagnose	Diät	Appetitzügler
1	–	–		–	–
2	–	–		ja	–
3	–	ja	Art. Hypertension	ja	–
4	ja (neu)	ja	Art. Hypertension	ja	–
5	ja (schon früher)	ja	Psoriasis	–	–
6	–	ja	Art. Hypertension	ja	–
7	ja (neu)	–		ja	–
8	ja (schon früher)	ja	St. nach Lupus erythematodes	ja	–
9	–	–		ja	ja
10	–	–		ja	–
11	–	ja	Art. Hypertension	ja	–

Tabelle IV: Soziale Daten.

Pat. Nr.	Bezugspersonen	Arbeitsplatz	Anderes	Qualität der Lebenslage z. Z. der katamnestischen Untersuchung
1	Ehe besser	Stellenwechsel	Zigarettenstop	glücklich
2	–	–	–	glücklich
3	Tod des Freundes	Stellenwechsel	Zigarettenreduktion	neutral
4	–	–	–	glücklich
5	Ehescheidung	–	–	unglücklich
6	Ehemann 50% arbeitsunfähig wegen Myokardinfarkt	–	Umzug in kleinere Wohnung	unglücklich
7	Ehetrennung, neuer Freund	Stellenwechsel	–	unglücklich
8	Vater verstorben, Ehemann 50% arbeitsunfähig	–	–	unglücklich
9	Heirat	Berufswechsel	–	glücklich
10	–	–	–	glücklich
11	–	–	–	neutral

Tabelle V: Einschätzung der Gruppe und des Leiters.

Pat. Nr.	Gruppe hat persönlich geholfen	Inwiefern, wenn ja?	Leiterverhalten	Störungen
1	ja	Identifikation	gut	eine Teilnehmerin mit wenig Übergewicht
2	nein		zu passiv	Inhomogenität (Persönlichkeiten)
3	ja	Ansporn und Rivalität	zu passiv	zu wenig Eingehen auf Person
4	nein		gut	Inhomogenität («Niveau»)
5	nein		kein Kommentar	eigene Depressivität
6	ja	Scham, zuzunehmen	zu passiv	keine
7	ja	Ansporn	zu passiv	eine Teilnehmerin mit wenig Übergewicht
8	ja	Ansporn	gut	Inhomogenität (Generationen)
9	nein		kein Kommentar	persönlich kein Vertrauen
10	ja	Kontrollfunktion	zu passiv	abruptes Ende der Sitzung, zeitlich
11	ja	Ansporn	zu passiv	keine

Tabelle V zeigt auf, wie die Patientinnen die Gruppe und den Leiter in ihren Wirkungen eingeschätzt haben.

Das Körpergewicht vor, unmittelbar nach der Gruppenpsychotherapie und zur Zeit der Katamnese wurde in der *Graphik* für jede Patientin gesondert dargestellt. In bezug auf die Gewichtsverhältnisse waren zwei Hypothesen aufgestellt worden:

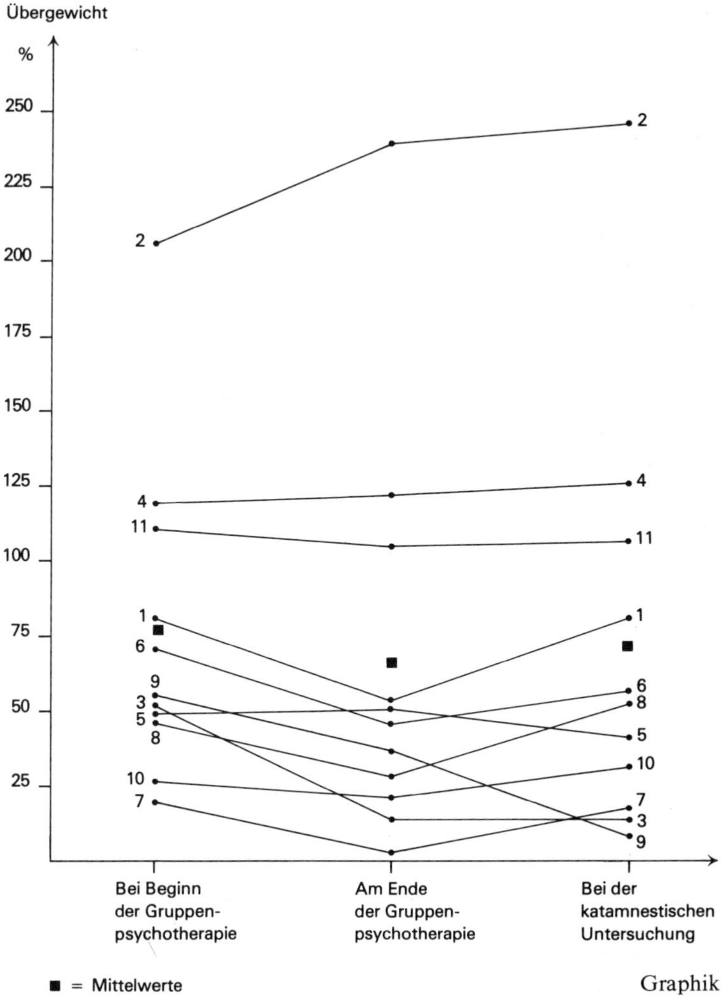

Graphik

1. Hypothese: $KG_{t_2} - KG_{t_1} < 0$
2. Hypothese: $KG_{t_3} - KG_{t_1} < 0$

Es sind die relativen Gewichtsverhältnisse für jede Patientin (in Prozent Übergewicht) einzeln dargestellt.

Es zeigt sich, daß die mittlere relative Gewichtsabnahme der Gruppe während der Gruppenpsychotherapie statistisch signifikant ist ($p < 0{,}05$). 8 von 11 Patientinnen nahmen während der Behandlung ab, 1 blieb in ihrem Gewicht konstant, 2 nahmen zu. Zur Zeit der katamnestischen Untersuchung hat die Gruppe im Mittel immer noch weniger Gewicht als vor Beginn der Behandlung. Dieser Unterschied ist aber nicht signifikant, d.h. es traten mehrere Rezidive in Richtung verstärkter Übergewichtigkeit ein. 6 von 11 Patientinnen waren zur Zeit der Katamnesenerhebung immer noch leichter als vor Beginn der Therapie, 1 gleich schwer wie vorher, 4 schwerer als vor Beginn der Behandlung.

Die erste Hypothese, daß bei der Untersuchung unmittelbar nach Beendigung der Gruppenpsychotherapie die Patientinnen im Mittel leichter seien als zuvor, konnte demnach statistisch bestätigt werden (t-Test). Die zweite Hypothese hingegen, daß auch bei der katamnestischen Untersuchung die Gewichtsreduktion signifikant bleibe, wurde nicht erhärtet.

Nach unseren Befunden zu schließen, übte die Adipösengruppe während ihrer Aktivität eine Wirkung auf das Eßverhalten der Beteiligten aus. Dieses Resultat steht in Übereinstimmung mit den Erfahrungsberichten anderer Autoren (Dorfman et al., 1959; Kaplan, 1966; Lassiter et al., 1973). Die Mitglieder wollen in der Gewichtsabnahme gegenseitig nicht zurückstehen. Deshalb beachten die Beteiligten die Diätvorschriften besser, und die Mehrheit der Gruppenmitglieder nimmt an Gewicht ab. Die Gewichtsreduktion in der Gruppe erfolgte offenbar, weil die Patientinnen einerseits jene Aufmerksamkeit, jene emotionale Wärme und jene Stimulation erfahren haben, die ihnen, bei ihren narzißtischen und/oder oralen Bedürftigkeiten, in ihrem Alltagsleben fehlten, andererseits aber auch miteinander in bezug auf die Gewichtsreduktion rivalisierten. Doch hält die Wirkung der Gruppenpsychotherapie offenbar nicht lange an. Die Gewichtsabnahme blieb nicht oder nicht im gleichen Maße bis zur Zeit der Katamnesenerhebung bestehen. Die Adipösen waren offensichtlich nicht imstande, die Gruppe so zu introjizieren, daß der gewichtsreduzierende Effekt bestehen geblieben wäre. Dieser Umstand ist charakteristisch für diese Individuen, die häufig an narzißtisch-depressiven Neurosen leiden. Diese Menschen benötigen immer wieder die Zufuhr neuer Aufmerksamkeit, neue emotionale Wärme und erneute Bestätigung. Da sie diese notwendige «Nahrung» in der alltäglichen Umwelt nicht erhielten, fielen sie wieder zurück in die übermäßige Nahrungszufuhr. Das verschluckte Objekt war für sie jeweils nicht mehr gegenwärtig, und so mußten sie – gierig – weiter essen.

Wir können aus unseren Resultaten schließen, daß eine Adipösengruppe über lange Zeit, lebensbegleitend, den Kranken zur Verfügung stehen sollte. Es ist wie bei der Therapie aller Süchtigen. Sie benötigen immer wieder den therapeutischen Einsatz, das Gefühl, gesichert und umhegt zu sein. Nur wenn eine therapeutische Gruppe über Jahre konstant bestünde, eine Fusion in der Phantasie der Patienten untereinander ermöglichte, könnte sie zu einer dauerhaften Kompensation der Fettsucht führen. Die Störung in den Objektbeziehungen dieser Menschen ist offensichtlich derart, daß es auch immer wieder des realitätsintensiven Milieus der therapeutischen Gruppe bedarf, um sie bei ihrem Vorsatz der Gewichtsabnahme zu halten (BATTEGAY, 1960). Zwar werden diese Menschen – in ihrer oralen Erwartungshaltung und ihrer Fusionstendenz – damit etwa gruppenabhängig. Ihre Nahrungsabhängigkeit kann dadurch aber gelockert werden.

Die Adipösen haben, wie unsere Befunde ergeben, in der überwiegenden Mehrzahl in ihrer frühen Kindheit eine emotionale Mangelerfahrung durchgemacht. Sie sind deshalb immer auf der Suche nach einem Idealobjekt, das sie in der frühesten Zeit ihres Lebens nicht erhalten haben. Da sich kein Objekt auf die Dauer als so ideal erweisen kann, wie sie es erwarten, ergibt sich schon aus diesem Umstand, daß primär gute Objekte zu bösen werden können, wie das im frühkindlichen Erleben auch normalerweise der Fall sein kann, bzw. daß eine Spaltung (splitting) in gute und böse Objekte erfolgt (M. KLEIN, 1932). Ein Kind, das Nahrung auf einem Tisch vorfindet, hält dieses Möbelstück für ein gutes, schlägt es sich jedoch an diesem selben Tisch den Kopf an, so wird er zum bösen Objekt. Die Fettsüchtigen versuchen nun durch Aufnahme übermäßiger Nahrung zum guten Objekt zu kommen, doch, haben sie es verschluckt, wird es zum bösen, weil sie dadurch nicht endgültig gesättigt werden können. Wer unersättlich ist, wird ungesättigt bleiben. Lernprozesse innerhalb der Familie sowie Zahl und Größe der Fettzellen sind weitere Faktoren, die die übermäßige Nahrungszufuhr fixieren.

Es ergab sich, wie erwähnt, im Rahmen einer Gruppe von 11 weiblichen Adipösen, daß die Patientinnen während der Teilnahme an der therapeutischen Gruppe signifikant an Gewicht abgenommen haben. Anläßlich der Katamnese, etwa zwei Jahre später, war die Gewichtsreduktion im Vergleich zum Gewicht zu Beginn der Gruppenpsychotherapie indes nicht mehr signifikant, als Trend jedoch erkennbar. Die Gruppe, die durch die Adipösen erfahren wurde, erwies sich also nur so lange als wirklich gutes Objekt, als sie andauerte. Die Adipösen sind auf momentane Lustgewinne aus, und sie sind darin anderen Süchtigen ähnlich. Es ist keine dauernde Befriedigung ihres – oral und narzißtisch gründenden – Objekthungers möglich. Kaum haben sie ein Objekt verschluckt und/oder sind sie mit einem Objekt eine Fusion eingegangen, so droht ihnen, den Objektcharakter des Inkorporierten bzw. des fusionär Angeeigneten zu verlieren. Dementsprechend sollten Adipöse wie andere Süchtige solange als möglich in einer Gruppe integriert bleiben, damit ihnen das Objekt möglichst stetig zur Inkorporation oder Introjektion bzw. zur Fusion gegenwärtig bleibt.

Die Behandlung von Adipösen stellt wegen ihrer Tendenz zu unkontrollierter, süchtiger Nahrungseinnahme ein sehr schwieriges Problem dar. Die Einzelpsychotherapie hat im allgemeinen nicht die erwarteten Erfolge gebracht. Immerhin berichtet STUNKARD (1980) über positive Resultate der psychoanalytischen Behandlung von Fettsüchtigen. Auch chirurgische Methoden, wie z. B. Jejunoileal(Dünndarm)-Bypaß-(Umgehungs)-Operationen (BRAY, 1980) oder gastrische Bypaß-Operationen (HALMI, 1980), können zwar durch Schaffung einer Malabsorption (gestörte Ausnutzung der Nahrung) bzw. durch eine Verkleinerung des Magenvolumens zu einer Reduktion der Nahrungsverwertung bzw. -aufnahme und damit zum Gewichtsverlust der Betroffenen führen, doch bringen sie, trotz gewisser gegenteilig lautender Berichte (BRAY,

1980) wohl kaum eine effektive Therapie der zugrundeliegenden emotionalen Störungen zustande. Die zum Teil erhebliche körperliche Schädigung ist nicht nur in morphologischer Hinsicht, sondern auch hinsichtlich des Verdauungsprozesses, zum Teil so beträchtlich, daß das Selbstgefühl dieser Menschen oft noch weiter geschädigt werden dürfte. Es ist daher alles daran zu setzen, die psychotherapeutischen Methoden, vor allem auch die erfolgversprechende Gruppenpsychotherapie, mit solchen Patienten weiter zu entwickeln. Dabei können diätetische Vorschriften und Ratschläge in bezug auf die Essensgewohnheiten bzw. auf die Vermeidung bei ihnen üblicher Nahrungsaufnahmeriten unterstützend günstige Auswirkungen haben. Diese im emotionalen Bereich kindlichen Patienten schätzen es meist ohnehin, in ihrer Hilflosigkeit Anweisungen im Sinne des französischen Wortes «régime» zu erhalten. Die Statuten der «Weight-Watchers»-Selbsthilfegruppen, die über Erfolge bei Langzeitteilnahme in der Gewichtsreduktion berichten, scheinen die Annahme zu bestätigen, daß diese Menschen einerseits einer permanenten Stützung und Umsorgung durch eine Gruppe und andererseits einer festen Ordnung («régime») bedürfen. Im gleichen Sinne sprechen die Erfolge von FERGUSON (1975), der diesen Patienten eine fünfstufige Nahrungsaufnahmeplanung empfiehlt:

1. Tagesplanung.
2. Aufstellung eines Menus, das Zeit, Ort, Typus und Menge der geplanten Nahrungsmitteleinnahme umfaßt.
3. Vorplanung der Nahrungsaufnahme in Restaurants und auf Parties.
4. Vorbereitung der Tagesmahlzeiten am Morgen, um die Tendenz, mehr und zwischen den Mahlzeiten zu essen, zu verringern.
5. Vorplanung des Nahrungsmitteleinkaufs mittels exakter Liste und Einkaufs bei vollem Magen, damit nicht mehr als vorvermerkt eingekauft wird.

Daß die Computer-Diäten kaum Erfolge zeitigen, liegt bei der emotionalen Bedürftigkeit dieser Hungerkranken auf der Hand.

Der «Hunger» nach Wärme, Stimulation und Fusion bei narzißtisch Gestörten

Menschen, die in ihrer frühesten Kindheit und in ihrer weiteren Entwicklung nicht jene liebende Zuwendung und Wärme, nicht jene Stimulation, nicht nur im taktilen, sondern auch im optischen und akustischen Bereich, und nicht jene Kognitionsmöglichkeiten erfahren durften, die für ein gedeihliches Aufwachsen notwendig sind, werden stets nach den entbehrten Erfahrungen «hungern». Aber auch jene, die diesbezüglich in ihrer frühesten Kindheit und später übermäßig umhegt und stimuliert wurden, wie auch eine Unzahl von Kognitionsmöglichkeiten erfuhren und dabei ständig «unterhalten» wurden, werden später das übermäßig Erhaltene mangeln. Wieder andere mußten sich in ihrer Kindheit ständig an ihre Mütter bzw. Eltern anpassen und versäumten es, in ihrem ständigen Bestreben, die Anerkennung der Mutter (Eltern) zu finden, unter Heranbildung eines Ideal-Selbst, ihr wahres Selbst (Real-Selbst) zu entwickeln (A. Miller, 1979).

Ich erinnere mich an einen etwa 40jährigen Mann, der als Akademiker in einem wissenschaftlichen Institut – im Grunde genommen erfolgreich – tätig war. Er wurde offensichtlich durch seinen Chef sehr geschätzt. Doch es war vorgesehen, daß er, bei seiner Tüchtigkeit, einen neu im Institut zu eröffnenden Forschungsbereich übernehmen sollte. Er wurde, nachdem er davon gehört hatte, zunehmend ängstlich, agitiert, bedrückt. Immer wieder mußte er sich fragen, ob er der neuen Aufgabe gewachsen sei. Schließlich wurde seine Panik derart, daß er unsere Poliklinik aufsuchen mußte. Es stellte sich heraus, daß er als Einzelkind aufgewachsen und der Vater in den Kriegsdienst eingezogen worden war. Die Familie wurde ausschließlich durch die Mutter versorgt. Sie erwartete viel von ihrem Sohn, und er setzte jeweils alles daran, sie glücklich zu machen. Er wurde Primus in der Schule, erwies sich als von brillanter Intelligenz. Die Mutter war stolz, und sie vergaß langsam ihren Schmerz um den abwesenden Vater. Mit aller Liebe stützte sie sich auf ihren Sohn. Er war für sie der «König», der Inbegriff des Könners, des Guten, der Liebste und der Beste. Er spürte: «Ich darf sie nicht enttäuschen, ich muß ihr den Vater (der inzwischen an der Front gefallen war) ersetzen.» Immer wieder spürte er, daß er nicht versagen darf. Im Gymnasium brachte er beste Noten nach Hause, und er absolvierte mit guten Leistungen die Maturitätsprüfung. Auch in seinem Studium erwies er sich als Bester seines Jahrganges, und er gereichte deshalb zum Stolz der Mutter. Er verbrachte einige Ausbildungsjahre im Ausland. Überall fand er Anerkennung. Man würdigte ihn als einen Mann, der seinen Beruf beherrscht. Als er 25 Jahre alt war, verheiratete er sich mit einer aufopferungsbereiten, hingebungsvollen und tüchtigen Frau. Der Mutter des Patienten gelang es, ihre Schwiegertochter zu akzeptieren. Dennoch wurde sie nach dem «Verlust» des Sohnes (durch seine Eheschließung) depressiv, da sie die Trennung von ihm gefühlsmäßig nicht zu verarbeiten vermochte. Im Verlaufe seiner Tätigkeit beschloß der Patient, noch eine weitere Prüfung abzulegen. Er bereitete sich gewissenhaft darauf vor. Doch am Prüfungstag «gingen ihm die Nerven durch». Er war blockiert, wußte nichts mehr, er erlebte die Kehle als zugeschnürt, den Mund als trocken, fiel durch das Examen durch. Nie konnte er sich verzeihen, versagt zu haben. Inzwischen waren seine drei Kinder zur Welt gekommen. Er sah seine Laufbahn zerstört. Doch brachte er es zu immer höheren beruflichen Stellungen. Er wurde international bekannt. Bei der Arbeit mußte er sich stets rückhaltlos einsetzen, damit er sein Selbstvertrauen behalten konnte. Als er aber für eine neue Tätigkeit ausersehen war, kam plötzlich die Angst über ihn, nicht mehr sogleich alles zur Zufriedenheit der Vorgesetzten erledigen zu können. Vorher habe er es geschätzt, die Verantwortung für eine Abteilung alleine zu tragen. Nun aber hätte er für eine andere Arbeit neu lernen müssen, wäre er nicht mehr ganz «auf der Höhe» gewesen, und diesen Umstand konnte er sich nicht verzeihen. Er fühlte sich immer schlechter. Ferien brachten ihm keine Erholung mehr. Es stellten sich Schweißausbrüche ein. Im Geschäft schauspielerte er. Er tat so, als wäre alles in Ordnung. Doch vermochte er kaum mehr zu arbeiten, und seine Konzentrationsfähigkeit ließ nach. Seine Zweifel nagten an ihm. Er begab sich immer wieder zu anderen Ärzten. Sie konnten ihm jedoch nicht helfen. Schließlich mußte er in die neue Abteilung hinüberwechseln. Er empfand seine neue Arbeit wie eine Prüfung und meinte, alle Augen seien auf ihn gerichtet. Immer mehr suchte er nach Bestätigung, doch war ihm keine Aufmunterung genug. Von sich verlangte er, daß er schon am zweiten Tag die Arbeit in der neuen Abteilung beherrschte. Doch diese Erwartung stellte sich als unrealistisch heraus. Er kam ins Flattern, wurde unsicher, wollte aber dennoch durchziehen. Nach acht Tagen brach er am Schreibtisch zusammen. Er fühlte sich deprimiert, erledigt, gezeichnet. Vom nächsten Tag an vermochte er nicht mehr zur Arbeit zu gehen. Zu Hause konnte er nur noch im Bett liegen. In der Ruhe wurde alles noch schlimmer. Tag und Nacht versuchten ihn seine Angehörigen zu beruhigen, doch nichts fruchtete. Alle Beruhigung, auch wenn sie stets wiederholt wurde, nützte nichts. Die Angst des Versagens war unbändig groß. In einem Sanatorium, in dem er drei Wochen weilte, konnte kein durchschlagender Erfolg erzielt werden. Zurückgekehrt an seine Arbeit, fühlte er sich wieder schwach, und er ängstigte sich vor allem, daß man ihn nicht mehr gebrauchen könne. Noch immer war er depressiv. Alle Bestätigung, alle Aufmunterung nützte nichts. Er mußte in eine Psychiatrische Klinik eintreten, wurde dort mittels Psychopharmaka behandelt und psychotherapeutisch betreut. In der dortigen, gefühlsmäßig warmen Atmosphäre konnte er sich erholen. Beim Wiederantritt der Arbeit litt er aber nach wie vor darunter, daß er, wie er sagte, süchtig («hungrig») Lob erstrebte, sich ängstigte, daß die Mitarbeiter und Vorgesetzten nicht positiv über ihn denken könnten. Die Psychotherapie mußte daher intensiv weitergehen im Sinne des Aufbaus eines konsistenten Selbst, eines tragfähigen Selbstwerterlebens. Die Behandlung sollte ihm auch aufzeigen, wie sehr er sich daran gewöhnt hatte, sich und die Welt mit den Augen seiner Mutter zu betrachten, die ihn für überdurchschnittlich fähig, unerschöpflich und alles zustande bringend hielt. Es mußte ihm klar werden, wie sehr er dazu neigte, große Erwartungen an sich zu hegen, die er nur so lange zu erfüllen in der

Lage war, als seine Arbeit und sein privates Leben in immer denselben Bahnen verliefen. Sollte er eine neue Aufgabe übernehmen, so mußte er vor sich selbst eine Prüfung ablegen, und er hatte bereits in einem Examen versagt, weil er vor lauter großer Erwartung sich in eine Angst hineingesteigert hatte, die sein völliges Versagen bewirkt hatte.

Der Hunger nach Fusion mit einem idealisierten Selbstobjekt, im geschilderten Falle mit der Mutter, aber auch mit der Gattin, den Mitarbeitern und Vorgesetzten im Betrieb, hatte sich daraus ergeben, daß dieser Mann mit seinem Ideal-Selbst kein konsistentes Real-Selbst und damit nur wenig narzißtische Libido, Aufmerksamkeit, Information zur Verfügung hatte, um sein an und für sich starkes Ich damit zu besetzen. Immer hat er gewiß sein müssen, daß die anderen in ihrer Phantasie mit ihm übereinstimmen, und auch dann noch hat er sich nicht befriedigt gefühlt. Er war wahrlich «hungerkrank», nicht so sehr in einem oralen Sinne, sondern in bezug auf das Erfahren einer stetigen Verstärkung seines geschädigten Narzißmus. Dieses «narzißtische Loch» (AMMON, 1974) zu stopfen, konnte aber naturgemäß nie gelingen, weil die frühe Verwöhnung durch die Mutter diesbezüglich zu einer Unstillbarkeit führte.

Jene, die immer Bestätigung suchen, welche ständig Lob brauchen, Applaus benötigen – wie wir es etwa bei politisch Maßgeblichen sehen –, erweisen sich als in ihrem Selbstgefühl schwach. Ihr unstillbarer «Hunger» nach Bestärkung legt Zeugnis davon ab, daß eigentlich nicht sie das Feld beherrschen, sondern daß sie umgekehrt abhängig von ihrer Umgebung sind.

Die narzißtische Bedürftigkeit ist immer derart, daß sie im Grunde genommen unstillbar ist und damit süchtiges Gepräge annimmt. Wir werden später eingehend darauf zu sprechen kommen. Doch soll jetzt gesagt werden, daß der narzißtische Hunger stets die Gefahr beinhaltet, sich soviel «einverleiben» zu wollen, daß die Betroffenen an den angeeigneten Objekten zugrunde gehen. Meine Großmutter (mütterlicherseits) sagte jeweils: «Man muß wissen, wann man genug hat.» Sie war eine ausgeglichene, wenn auch ernste, geradlinige Person, die, wie es mir schien, sich nicht lange überlegen mußte, was recht und was unrecht war. Offenbar war ihr aus ihrer Lebenserfahrung schon bekannt, daß nur derjenige ein ausgeglichenes, ruhiges Leben führen kann, der seine Grenzen anerkennt und die Begrenztheit seines Tuns zu akzeptieren vermag.

Bei gewissen Menschen besteht, wie schon MARGARET MAHLER (1968/1972) beobachtet hat, angeborenerweise nicht genügend die Möglichkeit, entgegengebrachte Liebe und Stimulation wahrzunehmen. Im Säuglingsalter kann es sich schon zeigen, daß die Mütter mit ihnen bedeutend mehr Mühe haben als mit anderen Kindern, um ein Lächeln zu erzeugen. Es kann sich ein solcher angeborener Mangel aber auch darin manifestieren, daß das Kleinkind der Mutter nur ungenügend Signale zu geben vermag, daß es Zuwendung möchte.

In amerikanischen Untersuchungen (D. STERN und B. BEEBE, 1977) an eineiigen Zwillingen, die im Zusammensein mit ihrer Mutter in der zweiten Lebenswoche mittels Videotape aufgenommen wurden, zeigte sich unter anderem, daß sie sich bedeutend weniger dem einen als dem anderen Kind zuwandte. So kam es dann dazu, daß der Säugling, der mehr Zuwendung erhielt, Mundbewegungen, die die Mutter ausführte, mehr nachzuahmen Gelegenheit hatte und deshalb aktiver wirkte. Es konnte übrigens anhand der Aufzeichnungen auf Videotape auch beobachtet werden, daß das Kind bereits in der zweiten Lebenswoche die Mundbewegungen der Mutter sehen kann. Damit wurde nachgewiesen, daß das Sehen nicht etwa erst dann auftritt, wenn das Dreimonatslächeln zu erkennen ist, sondern weit früher. Im Zusammenhang mit unserem Hungerthema interessieren uns diese Untersuchungen insofern, als wir uns die Frage stellen müssen, weshalb sich die Mutter dem einen eineiigen Zwilling weniger zuwandte als dem anderen. Wir können nur spekulativ antworten und vermuten, daß wohl, genetisch determiniert, der eine Säugling mehr, der andere weniger, die Mutter zur Zuwendung zu «motivieren» vermochte.

Da unmittelbar nach der Geburt das Ich noch nicht ganz ausgebildet ist, sondern nur Ich-Kerne als Anlage (HARTMANN, 1964/1972) bestehen dürften, ist es kaum möglich, diese bessere Fähigkeit, der Mutter Signale zu geben, auf eine Ich-Stärke zurückzuführen. Es bleibt indes die Tatsache, daß gewisse Kleinkinder von vorneherein befähigt sind, andere

Menschen, zuerst vor allem die Mutter, für sie zu mobilisieren. Man könnte, grotesk formuliert, sagen, daß jedermann seine eigene Erziehung bestimmt. Hungerkrank würden in diesem Sinne jene bleiben, die die Umgebung, vorab die Mutter, nicht genügend für sich interessieren könnten. Natürlich kennen wir auch jene, die offensichtlich, bei unauffälliger Anlage, nicht genügend Stimulation und Wärme erhalten haben, in ihrem Selbstwerterleben gestört sind. Es sind Menschen mit narzißtischen Neurosen. Doch kennen wir auch jene vor allem von KERNBERG (1975/1981), aber auch von ROHDE-DACHSER (1979) und vielen anderen geschilderten Borderline-Persönlichkeiten, die wohl infolge Anlageschwäche von Geburt an nur ungenügend in der Lage waren, die dargebotene Liebe und Stimulation zu erfahren oder ihre Mutter bzw. eine Ersatzperson für sie zu interessieren. Es sind Menschen mit einem schwachen, zur Fragmentation neigenden Ich, mit einer starren Abwehr, die dazu dienen soll, die durchzubrechen drohenden unbewußten Regungen hintanzuhalten, mit einer gleichwohl vorhandenen Neigung zu Impulsdurchbrüchen, mit einer Tendenz, die Vorstellungen ihrer Innenwelt mit der Realität zu verwechseln und einer Sicht der Objekte, die dahingeht, daß sie eine Spaltung (MELANIE KLEIN, 1932) in «gute» und «böse» vollziehen. «Gute» Objekte sind bei ihnen jene, mit denen sie temporär eine Fusion einzugehen vermögen in ihrer Phantasie, «böse» jene, mit denen sie keine solche Beziehung aufnehmen können, oder bei denen umgekehrt die Fusion zu weit geht, so daß sie vom Ich-Verlust bedroht sind. Die von vorneherein kommunikationsgestörten Borderline-Persönlichkeiten sind nur reduziert fähig zu einer reifen Objektbeziehung. Sie neigen, wie erwähnt, dazu, mit anderen fusionär in Verbindung zu treten, das Objekt dann als «gut» zu erleben, und wenn diese Fusion nicht mehr möglich ist, oder aber übermäßig geschieht, das gleiche Objekt als «böse» wahrzunehmen. So sehr also diese Individuen einen mitmenschlichen Kontakt wünschen, bleiben sie im Grunde genommen hungrig.

Eine 35jährige Frau, unehelich geboren, war einer Mutter ausgesetzt, die einerseits keine moralischen Grundsätze und viele Männerbekanntschaften hatte, auch während ihrer Ehe, andererseits aber für die Tochter diesbezüglich strenge Regeln aufstellte. Sie wuchs in gefühlsmäßig äußerst kargen Verhältnissen auf. Als die Patientin zwei Jahre alt war, verehelichte sich die Mutter. Die Kranke erhielt keinerlei Liebe, und nachdem ein Halbbruder im sechsten Lebensjahr der Patientin einen tödlichen Unfall erlitten hatte, wurde sie aktiv mißhandelt. Vom neunten Lebensjahr an ließ sich der Stiefvater sexuell mit ihr ein. Mit elf Jahren kam es bei ihr zur Menarche. Die intimen Beziehungen mit ihrem Stiefvater dauerten bis zu ihrem dreizehnten Lebensjahr. Das Mädchen kam in ein religiöses Internat, wurde dort lesbisch mißbraucht. Sie floh nach Hause, und es folgten wieder die häuslichen Mißhandlungen. In ihrem neunzehnten Lebensjahr schloß sie sich in ihrem Hunger nach Menschen an einen Mann an. Sie wurde schwanger, gebar ein Mädchen, erlebte sich durch die Behörden unter Druck gesetzt, das Kind zur Adoption wegzugeben. Obschon sie es gerne behalten hätte, gab sie nach. In ihrem vierundzwanzigsten Lebensjahr verheiratete sie sich mit einem aus erster Ehe geschiedenen, vier Jahre älteren Mechaniker. Er mußte Alimente für zwei Kinder bezahlen, und beide mußten viel arbeiten. Wegen Schwängerungsangst – die Pille habe sie nicht ertragen – sei es oft zu Spannungen gekommen. Sie habe gedacht, sie stelle für den Mann eine Last dar und habe in die Scheidung eingewilligt. In ihrem zweiunddreißigsten Lebensjahr stand sie alleine da. Sie führte mehrere Suizidversuche aus, kam wiederholt in eine psychiatrische Klinik und wurde auch ambulant psychiatrisch behandelt. In ihrer Lebensgeschichte ist ferner auffallend, daß an ihr, offenbar ohne eigentlichen Befund, eine Hysterektomie durchgeführt wurde, als sie 25 Jahre alt war, angeblich weil sie unter Krämpfen gelitten habe. Seit ihrem 28. Lebensjahr macht sich bei ihr ein Weichteilrheumatismus bemerkbar. Die Patientin wird heute vom Sozialamt unterhalten. Sie hat es versäumt, sich rechtzeitig für eine Invalidenrente einzusetzen.

Diese Kranke war, wie ihr ganzes Leben erkennen läßt, wohl schon anlagemäßig nicht in der Lage, sich genügend liebende Zuwendung und Stimulation zu verschaffen. Der abwegige Charakter ihrer Mutter zeigt schon, daß eine gewisse familiäre Komponente in dieser Hinsicht angenommen werden muß. Dazu kommt das mißliche und psychotraumatisch wirkende Milieu. Die Patientin vermochte kaum, eine Selbst- und/oder eine Objektrepräsentanz zu entwickeln. Alles, was man von ihr forderte, erfüllte sie mit Angst. Irgendwie erwartete sie, daß die ihr begegnenden Objekte «gute» wären, doch sie erwiesen sich allesamt als «böse». Noch jetzt sieht sie die Welt entsprechend ihrem inneren Entwurf. Sie ist der Realität nicht gewachsen, versäumt es, für sich einzustehen bzw. kann es nicht. Gelegentlich zeigen sich Impulsdurchbrüche in Form von Suizidversuchen. Stößt sie bei einer Psychotherapeutin oder bei einem Arzt auf Verständnis, so kommt es in ihrer Vorstellung zu einer Fusion. Fühlt sie sich temporär unverstanden, so kann sie überhaupt keine Beziehung zu ihnen unterhalten, und sie wechselt dann den Therapeuten. Die Arbeit war, wie sie sagte, eine Flucht vor der Welt. Sie wehrte damit offenbar starr, aber nicht konstant mit Erfolg, Triebversuchungen und Außenweltsgefährdungen ab. Als ihr Weichteilrheumatismus auftrat, konnte sie aber ihre Arbeit nicht mehr aufrechterhalten. Ihr Abwehrsystem war zusammengebrochen. Auch deshalb kam es zu den erwähnten Selbstmordhandlungen.

Die Patientin ist eine Hungerkranke, weil sie die Umwelt nicht genügend für sich zu interessieren vermag, sich stets einspannen läßt in Pläne anderer und dabei zu kurz kommt. Einer solchen Patientin kann, wie uns die Erfahrung lehrt, nur so geholfen werden, daß sie in eine therapeutische Gruppe von gleichermaßen Betroffenen, die unter erfahrener therapeutischer Leitung arbeitet, eingereiht wird. So wird ihr ein Milieu gegeben, in dem sie emotionale Teilnahme dermaßen oft zu erfahren vermag, daß sie sie doch registrieren kann. Bei der Intensität des Gruppengeschehens wird sie gleichzeitig auch die Masse der Realität besser kennenlernen.

Der Hunger bei Depressiven und Süchtigen

Bei allen Süchten besteht ein unersättlicher Hunger nach immer neuen Objekten, die die innere Leere, den Zwiespalt zwischen Wollen und Können, zwischen Wünschen und Realität, zwischen Illusion und Wirklichkeit, zwischen Schein und Sein, auffüllen sollten. Menschen, die, entweder anlagebedingt oder infolge frühkindlicher Mangelerfahrungen, nur ein ungenügendes Selbst, bzw. nur ein beeinträchtigtes Selbstgefühl, entwickeln, neigen dazu, während ihres ganzen Lebens eine Fusion mit Objekten anzustreben, durch die sie eine Verstärkung erfahren sollten. Das narzißtische Loch (AMMON, 1974) sollte mittels Menschen oder anderweitigen Objekten, deren sich die Betroffenen bemächtigen oder zu bemächtigen können glauben, ausgefüllt werden. Wir sehen nicht selten bei Individuen, die in Depressionen zu Diebstählen neigen, daß ihre krankhafte Tendenz aus dem unbewußten Bestreben heraus erfolgt, sich Objekte anzueignen, die der Verstärkung des Selbst dienen sollen. Das entwendete Objekt soll dem Betroffenen jene Stärke vermitteln, die er sonst nicht zu erwerben in der Lage ist. Oft haben diese Menschen ein unersättliches und unüberwindliches Bedürfnis, sich Gegenstände anzueignen, ohne daß eine eigentliche Bereicherungsabsicht bestünde. Sie lagern dann die Objekte im Keller oder in einem Zimmer ihrer Wohnung, wobei sie keine Verwendung dafür wissen. Es besteht dabei die Frage, ob dieses Lager an gestohlenen Gegenständen ihnen nicht unbewußt dazu dient, sich (durch diese Stapel) verstärkt zu fühlen.

Eine 56jährige Frau, die von unserer Poliklinik für das Strafgericht begutachtet werden mußte, war in einem Warenhaus gefaßt worden, nachdem sie dort Blusen, Taschen sowie eine Weste entwendet hatte. Sie fiel den Untersuchungsbeamten, die sie wegen des Diebstahls zu befragen hatten, als depressiv und auch sonst psychisch auffällig auf, so daß von uns ein psychiatrisches Gutachten verlangt wurde.

Sie wurde als Tochter eines hohen ausländischen Beamten geboren. Der Vater konnte sich damals zu einer Ehelichung der Mutter nicht entschließen. Die Patientin kannte ihn primär nur von der Photographie her. Sie lernte ihn aber kennen, als sie 19 Jahre alt war. Die Mutter, bei der Geburt der Tochter 24 Jahre alt, war eine Industriearbeiterin, gutmütig und arbeitsam. Die ersten Lebensjahre verbrachte unsere Patientin bei den Vaterseltern im Ausland – der Vater hatte offenbar wenig Kontakt mit seinen eigenen Eltern –. An die Zeit bei ihren Großeltern väterlicherseits hat sie schöne Erinnerungen. Im sechsten Lebensjahr der Patientin lernte die Mutter ihren späteren Ehemann kennen. Sie heiratete ihn ein Jahr später. Der Stiefvater sei eifersüchtig auf die Großeltern gewesen. Angeblich deshalb habe die Mutter nach der Heirat das Kind zu sich genommen. Tagsüber wurde sie nun in Pflegefamilien untergebracht. Dort habe sie viel Härte erfahren. In der Schule waren ihre Leistungen gut. Dem Stiefvater stand die Patientin feindselig gegenüber. Sie habe von ihm nur Ablehnung, negative Kritik und oft auch Schläge erfahren. Mit 16 Jahren trat bei ihr die Menarche ein. Von der Mutter war sie nicht aufgeklärt worden. Man habe zu Hause nie über «solche Dinge» gesprochen. Mit 19 Jahren erhielt sie einen Brief von ihrem leiblichen Vater. Sie traf ihn in der Folge. Die Begegnung mit ihm wurde zu einer großen Enttäuschung, denn ihr Vater versuchte bei diesem Treffen, über die Mutter Schlechtes auszusagen. Im gleichen Jahre wurde sie Verkäuferin. Ein Jahr später trat sie in die Propaganda-Abteilung eines großen Unternehmens als Büroangestellte ein. Sie blieb dort während der Dauer von acht Jahren. Anfänglich gab sie das ganze Gehalt zu Hause ab, doch zog sie fünf Jahre nach Stellenantritt von daheim fort in ein eigenes Zimmer, da die Spannungen zwischen ihr und dem Stiefvater zu groß geworden waren, als daß sie noch hätte zu Hause bleiben können. In ihrem 29. Lebensjahr verlobte sie sich mit einem um 15 Jahre älteren Akademiker. Sie blieb mit ihm acht Jahre verbunden. Das Verhältnis erlebte sie in jeder Beziehung als harmonisch. Ein halbes Jahr, bevor die Heirat hätte stattfinden sollen, wurde sie jedoch vom Verlobten im Stich gelassen. Sie verübte einen Suizidversuch mit Tabletten eines Schmerzmittels. In der Folge wechselte sie ihren Arbeitsplatz, und sie war dann während elf Jahren als Direktionssekretärin tätig. Um ihre Liebesenttäuschung überwinden zu können, zog sie sich ganz auf ihre Arbeit zurück. Es fiel ihr erstmalig in jenen Jahren auf, daß sie gerne viele Kleider kaufte, wobei sie den Eindruck gewann, daß sie sich damit selbst zu bestätigen versuchte. Im gleichen Jahr, in dem sie an der neuen Stelle zu arbeiten begann, starb die Mutter an einem Darmkarzinom. Deren Hinschied traf die Patientin sehr schwer. Seither litt sie selbst unter Magen-/Darmbeschwerden, auch an Migräne und Hypertonie. Auf einem Sonntagsspaziergang, in ihrem 45. Lebensjahr, begegnete sie einem kaufmännischen Angestellten, der drei Jahre jünger als sie war. Er sollte zu ihrem Ehemann werden. Sie heirateten zwei Jahre später. Am Anfang war die Ehe befriedigend. Mehr und mehr lebten sich indes die beiden Gatten auseinander. Sie trennten ihre Schlafzimmer und aßen bald auch gesondert. Ein Jahr später gab die Patientin auf Wunsch ihres Mannes vorübergehend ihre Arbeit auf. Weitere drei Jahre danach, in ihrem 50. Lebensjahr, trat sie in die Menopause ein. Wegen Wallungen suchte sie einen Gynäkologen auf. Ihre Tendenz, Damenkleider und -taschen zu kaufen, begann sich ins Übermäßige zu steigern. Bald fing sie an, wieder als Sekretärin berufstätig zu sein. Die Meinungsverschiedenheiten mit dem Gatten wurden immer ausgeprägter, und sie wurde von ihm geschlagen. Von ihrem Gehalt kaufte sie Kleider, und sie füllte damit alle Schränke sowie alle Schäfte, die sich in ihrem Haus fanden, und schließlich kam es, in ihrem 56. Lebensjahr, nach einer erneuten Auseinandersetzung mit dem Mann, in zwei Warenhäusern zu Entwendungen von Frauenkleidern.

Es zeigte sich bei dieser Patientin, daß sie ein ungeheures und unstillbares Bedürfnis nach dem Erfahren mitmenschlicher Wärme und Liebe hatte und dementsprechend ständig frustriert war, weil ihr die äußere Realität nie das bieten konnte, was sie innerlich sich wünschte. Sie erlebte sich allein auf der Welt, fühlte sich einsam und verloren. Die Patientin sah älter aus als sie war und hinterließ den Eindruck einer verzweifelten Depressiven. Von ihrem Vater berichtete sie, wie sie ihn auf der Photographie verherrlicht hatte, und wie sie enttäuscht war, als sie ihn später dann sah. Offenbar mußte sie viel Not leiden bei den Pflegefamilien, in denen sie tagsüber, nachdem sie zu der Mutter übergesiedelt war, untergebracht war. Sie litt auch sehr unter der Trennung von ihren Großeltern, die sie in den ersten Lebensjahren aufgezogen hatten. Der ehelichen Situation gegenüber war sie hilflos. Sie fand bei ihrem Mann keine Wärme und Liebe. Eine schwerste Enttäuschung war die gescheiterte Partnerschaft mit dem erwähnten Akademiker. Die Patientin trug eine Kränkung davon, die sie nie mehr zu überwinden vermochte. Zu ihren Diebstählen sagte sie, daß sie vorher schwerst depressiv, bedrückt, verzweifelt, gespannt gewesen sei. Weshalb sie wirklich gestohlen habe, sei ihr unklar, doch habe sie sich nachher etwas entspannt gefühlt. Sie habe es in Kauf genommen, mit den Hütern des Gesetzes in Konflikt zu kommen, denn so habe sie wenigstens auf diese Art eine menschliche Begegnung erfahren dürfen.

Die Entwendungen hatten bei dieser Patientin zweifellos die unbewußte Funktion, sich an den Objekten schadlos zu halten. Sie versuchte damit, in einem Moment, in dem sie ihr Alleinsein besonders spürte, sich narzißtisch zu verstärken. Die Kranke hatte in ihrer frühen Kindheit kaum jenes bergende Heim erfahren, das für den Aufbau eines gesunden Selbstgefühles notwendig gewesen wäre. Der Bruch der Freundschaft mit dem erwähnten, um 15 Jahre älteren Akademiker, führte zu einer narzißtischen Kränkung, die ihre Bedürftigkeit wieder aufleben ließ. Die Ehe mit ihrem Manne kränkte sie im Grunde genommen dauernd, so daß nach einer geringfügigen zusätzlichen Belastung die geschilderten Entwendungen möglich wurden.

Diese depressive Frau wurde in unserem Gutachten als voll unzurechnungsfähig erklärt, da ihr die Motive für ihre unstatthaften Bemächtigungen unbewußt waren und sie auch nicht gewohnt war, solchen illegalen Impulsen in ihrem bisherigen Leben ausgesetzt gewesen zu sein. Sie hatte früher ihre Bedürfnisse, ihr Selbst zu stärken, in gesetzlicher Weise erfüllt, indem sie viele Kleider kaufte. In schwerst depressivem Zustand, nach einer Auseinandersetzung mit dem Ehemann, war ihr Verlangen erstmals derart unvermittelt und übermächtig geworden, daß sie, ohne Bedenken, Frauenkleider entwendete.

Das Motiv der Diebstähle ist für die Depressiven nicht bewußt erfaßbar. Sie können sich ihre Taten nicht erklären. Offenbar versuchen sie, in der Bedrohung, den Kontakt zu Objekten zu verlieren, zumindest durch Bemächtigung von Gegenständen, die sie an sich nehmen können, diese Gefahr zu kompensieren. Bei den Diebstählen von Depressiven kommen also unbewußte Fusions- und Bemächtigungstendenzen zum Zuge. SABINE KELLER (1981) hat diese Art von Entwendungen den rein neurotischen gegenübergestellt, in denen sich eine Vielfalt von neurotischen Triebstörungen kundgeben kann. Bei Kleptomanen erweist sich der Diebstahl indes als sexuelle Triebersatzhandlung. Für den Fetischisten gewinnen unbewußt symbolische Objekte als pars pro toto sexuelle Bedeutung. Wir würden dementsprechend vier Arten von Diebstählen ohne bewußte Bereicherungsabsicht kennen: 1. Depressive Diebstähle, 2. Neurotische Diebstähle, 3. Diebstähle bei Kleptomanie, 4. Fetischistische Diebstähle.

ARTHUR KIELHOLZ (1920) hat festgestellt, daß kriminelle Handlungen bekannt seien, bei denen ein Motiv für die Tat teilweise oder völlig fehle, die persönlichkeitsfremd wirkten und bei denen die Tatbestände außergewöhnlich seien. Diese Art von «symbolischen Diebstählen», wie A. KIELHOLZ sie nennt, hätten Ähnlichkeit mit den symbolischen Handlungen von Zwangsneurotikern, aber auch mit den von SIGMUND FREUD in seiner «Psychopathologie des Alltagslebens» (1901) beschriebenen Fehlhandlungen, die symbolisch eine unbewußte Absicht ausdrückten. Eigentlich süchtigen Charakter weisen aber vor allem die depressiven Diebstähle auf, weil bei diesen Menschen die vollzogene Bemächtigung immer nur sehr kurzfristig eine Entspannung und Beruhigung herbeiführt und dann bald wieder eine gleiche Handlung geschehen könnte, um den «Hunger» dieser Menschen im Bereiche ihres beeinträchtigten Selbst zu stillen bzw. der Auffüllung ihrer narzißtischen Leere zu dienen. Sprechen wir in dieser Weise von einer süchtigen Bemächtigungstendenz, die sich bei Depressiven zeigen kann, so wird sich uns aufdrängen zu fragen, ob nicht bei passionierten Sammlern aller Art eine solche Hungerkrankheit besteht. Sollte vielleicht eine große Kunstsammlung eine schwache Selbstkonfiguration schützen? Dabei wissen wir, wieviel Sozialprestige mit einer solchen Kollektion verbunden ist, so daß die Betreffenden schon deshalb sich selbstsicherer fühlen können, weil sie mehr Aufmerksamkeit durch die anderen erhalten und sich im Beifall der anderen «sonnen» bzw. spiegeln können. Aber auch derjenige, der übermäßig und unersättlich Essen zu sich nimmt, möchte sich, wie erwähnt, im Grunde genommen jene Liebe, die er in der frühen Kindheit nicht erhielt, und später nicht zu empfinden in der Lage war, zuführen. Die süchtige Inkorporation bedeutet, daß diese Menschen sich das Objekt, das sich ihnen zu entziehen droht, einverleiben möchten.

SIGMUND FREUD (1916) und KARL ABRAHAM (1924) haben von der Tendenz der endogen Depressiven gesprochen, sich das geliebte und gleichzeitig gehaßte Objekt einzuverleiben und das Ich so zu behandeln, als ob es dieses Objekt wäre. FREUD erwähnte in diesem Zusammenhang die Umkehr der Aggression auf das Ich. Wir sehen dementsprechend bei den Depressiven die Tendenz, nahe Bezugspersonen total für sich zu beanspruchen, und da die Umsorgung niemals so ausfallen kann, wie die Betreffenden es erwarten, werden Aggressionen in ihnen wach. Diese aggressiven Regungen würden aber meist kaum auf das Objekt gerichtet, sondern auf das Ich, weil, nach FREUD (1916) und ABRAHAM (1924), diese Introjektions- bzw. Inkorporationstendenz der Depressiven bestehe und nun das Ich wie das Objekt behandelt werde.

Wir haben selbst an anderer Stelle (1977) nachzuweisen versucht, daß bei Depressiven keine narzißtische Energetik (Libido, Aufmerksamkeit, Information) mehr übrig bleibt, um das Ich und die Objekte zu besetzen und deshalb aggressive Regungen nicht nur auf die Objektwelt, sondern auch auf das als entfremdet erlebte Ich gerichtet werden. Diese unsere Aussage entspricht einem Aspekt der Erklärung der depressiven Dynamik. Ein anderer Gesichtswinkel ist zweifellos derjenige FREUDS (1916) und ABRAHAMS (1924), die beide im Grunde genommen früh die Fusionstendenz der Depressiven erkannt haben. Objekt und Subjekt sind bei den Depressiven nicht scharf getrennt. Sie neigen dazu, das Objekt in süchtiger Art «aufzufressen». FENICHEL (1946) sprach in diesem Zusammenhang von «love addicts» (Liebessüchtigen).

Menschen, die Depressive behandeln oder mit ihnen ständig zu leben haben, wissen darum, daß die Betreffenden eine Aufmerksamkeit beanspruchen, die den Angesprochenen nicht nur sehr fordert, sondern etwa auch erschöpft. Es kann dazu kommen, daß bei Gesundung des Kranken der vorher gesunde Lebensbegleiter depressiv wird. In diesem Zusammenhang ist es interessant festzustellen, daß die Partner von Depressiven sich in der Regel zu ihren Kranken bekennen, sie aufopfernd betreuen, im Unterschied zu den Angehörigen von Schizophrenen, die die Patienten doch oft als so verändert erleben, daß sie sie verlassen. Die Familien von Depressiven sind entsprechend konstanter als jene von Schizophrenen. Wir haben bei einer Untersuchung an unserer Poliklinik diesen Umstand auch quantitativ feststellen können (BATTEGAY et al., 1972).

Bei jugendlichen Drogenabhängigen beobachten wir immer wieder, daß sie im Grunde genommen nicht asozial, wie es die Bevölkerung oft wahrhaben möchte, sondern umgekehrt, übermäßig Erwartende sind, die von der bürgerlichen Ordnung zuviel erhofft haben – weil sie offenbar in ihrer frühesten Kindheit meist zu wenig umsorgt wurden oder aber die ihnen entgegengebrachte Liebe nicht zu empfinden vermochten – und daher zwangsläufig enttäuscht worden sind. Seltener wurden sie überbehütet und erlebten sie sekundär die Welt als frustrierend. Sie haben unbewußt die Einstellung, daß die sie Umgebenden alles verstehen und sie bedingungslos annehmen sollten, wie immer sie sich auch verhalten mögen. Diese jungen Menschen erwarten von den Verantwortlichen in der Gesellschaft, daß sie das Getriebe in Gang halten, während sie selbst – süchtig – ein immerdauerndes Verständnis verlangen.

Wenn wir gegenwärtig an vielen Orten eine Unzufriedenheit und ungezählte Proteste Jugendlicher erleben, so dürfte dieser Umstand wesentlich mit dadurch bedingt sein, daß sie von den Bestandenen Vieles bzw. Allzuvieles erhofft haben und nun zusätzlich enttäuscht und resigniert sind, weil die Verantwortlichen nicht bereit sind, ihnen jene Umsorgung einerseits, aber auch jene verlangte äußere Autonomie andererseits zu geben, die sie nach ihrem Dafürhalten glücklich machen könnte. Diese jungen Menschen hoffen – gefühls- und erlebenshungrig – im Protestmarsch, in der Ausschreitung, den Vertretern einer Gesellschaft begegnen zu können, die sich ihnen bisher entzogen haben, weil sie bei den Eltern oder Ersatzpersonen nie jene Auseinandersetzung erlebt haben, bei der allein ein junger Mensch sich eigenständig zu entwickeln vermag. Häufig sind die sog. gesunden Erwachsenen selbst in ihrem Erlebenshunger noch so ungestillt, daß sie nicht nur im Beruf nach immer mehr Erfolgen jagen, sondern auch in der Freizeit sich mehr und mehr Reize zuführen möchten. Für die Kindererziehung bleibt nicht nur wenig Zeit, sondern auch wenig Energie mehr übrig. In dieser Wohlstandsgesellschaft wurden – als Ersatz für die Liebe – die Kinder oft grenzenlos materiell verwöhnt, doch erhalten sie nie jene gefühlsmäßige Zuwendung, die allein jene Begegnung vermitteln würde, welche sie zum Erkennen des Mitmenschen notwendig bräuchten.

Die Zeit jener Heranwachsenden, die anläßlich der «1968er-Revolution» alte autoritäre Strukturen niederschlagen wollten, ist längst vorüber. Die Schulen und Universitäten haben sich restaurativ-autoritär restrukturiert, und es folgte eine Resignation vieler junger Menschen. Sie ordneten sich, oft ohne viel Motivation für das Studium oder für eine Lehre zu zeigen, in das ihnen Auferlegte ein. Wenn die besonders Benachteiligten unter ihnen nun auf die Straße gehen, so dürfte dahinter ein verzweifelter Aufschrei stecken, der mit darin seinen Grund haben dürfte, daß sie, die noch so wenig mitmenschliche Beziehungen haben erfahren dürfen, Mühe haben, in der modernen Computergesellschaft noch einen Platz für sich selbst zu finden.

Junge Menschen, die ungenügend in der Lage sind, die modernen Datenverarbeitungsmöglichkeiten zu erfassen, oder die nur mangelhaft dazu motiviert sind, werden das Gefühl haben, daß sie benachteiligt sind und nur Hilfsfunktionen in der Sozietät ausfüllen können. Es ist nicht mehr so sehr die Frage, ob die Menschen genügend materielle Mittel haben, um das Leben fristen zu können, denn bei der Arbeitslosigkeit treten in der Regel staatliche Leistungen an die Stelle der Gehälter. Doch was diese jungen Menschen und viele Erwachsene belastet, ist die Tatsache, sich für nichts mehr nützlich fühlen zu können. Sie empfinden einen ungeheuren Hunger nach einer als sinnvoll erlebten Tätigkeit, werden aber auf sich selbst verwiesen und daran erinnert, daß die Gesellschaft genügend Brosamen vom Tisch fallen läßt, um sich davon ernähren zu können. Diese Menschen, in ihrer Hoffnungslosigkeit und Resignation, in ihrer Bedrohung, sehnen sich nach nichts mehr als nach beruflicher Betätigung und Bestätigung. Es geht ihnen nicht darum, ein Leben in Beschaulichkeit zu führen. Dazu sind sie nicht in der Lage, weil sie sich nicht sinnerfüllt fühlen. Wenn KARL MARX (1872/1932) die sozialen Klassen, die sich vor allem aus materiellen Gesichtspunkten heraus ergeben, im Auge gehabt hat, so müssen wir heute sagen, daß wir im Begriffe sind, in eine andere Klasseneinteilung zu geraten, nämlich in jene, die sich daraus ergibt, daß die einen an den Computer-Errungenschaften aktiv teilhaben, andere nur Hilfsfunktionen ausüben können und wieder andere nicht einmal mehr arbeiten dürfen. Das Wesentliche bei diesen drei Klassen sind nicht mehr so sehr die materiellen Einkünfte – die wohl bei jedem Menschen bis zu einem gewissen Grade gesichert sein werden –, sondern das Gefühl und das Wissen darum, für etwas nützlich zu sein oder aber nur eine untergeordnete oder keine Funktion im Getriebe der Gesellschaft ausüben zu können. Diese Tatsache, nicht produktiv und zielstrebig an einer Aufgabe mitwirken zu dürfen, ist deprimierend. Der Griff zur Droge kann zum Teil diese Verzweiflung wegen der äußeren Situation widerspiegeln, zum Teil aber auch den Wunsch, mittels der Droge die narzißtische Leere zu überwinden. Sowohl das Gehobenheitsgefühl nach Einnahme des Stoffes als auch die Einverleibung eines Objektes führen dazu, daß die Betroffenen das Gefühl haben, etwas zur Verstärkung ihres Selbstgefühls getan zu haben, wobei allerdings die narzißtische Stärkung sich bald als trügerisch erweist, weil sie nur eine passagere ist und nach immer neuen Fortsetzungen verlangt.

Ein 22jähriger, dessen Eltern früh geschieden wurden, wuchs als Einzelkind bei Mutter und Stiefvater auf. Die Mutter, von Beruf Serviererin, entstammte einem anderen Land und konnte sich offenbar nie richtig akklimatisieren, nie in die Wohnumgebung eingewöhnen, und sie mußte ambulante psychiatrische Behandlung in Anspruch nehmen. Der gleichen Ehe entstammt noch ein Bruder, mit dem der Patient jedoch keinen Kontakt mehr pflegt. Bis zu seinem zehnten Lebensjahr kaute der Patient seine Nägel, hatte er Schulschwierigkeiten, und es kam oft dazu, daß er dem Unterricht fernblieb. Er wurde auch für zwei Jahre in ein Heim weggegeben. Eine Winzerlehre brach er ab. Er machte die Rekrutenschule durch und erkrankte an einer Hepatitis. Mit 22 Jahren kam er wegen seiner Heroinabhängigkeit in Spitalbehandlung. Es fiel auf, daß er mit Mitpatienten wenig Kontakt pflegte, zu Trotzreaktionen nach Frustrationen neigte und gleichzeitig unrealistische, hochfliegende Pläne in bezug auf seine Zukunft hegte. Sein Selbstwertgefühl war wenig stabil. Es zeigte sich bei den Unterredungen mit dem Patienten, daß es ihm an mütterlicher Liebe und Zuwendung sowie an einem konstanten Milieu gebrach. Er war ja abwechselnd bei den Eltern und in einem Kinderheim aufgewachsen. Die Mutter konnte ihm kein Sicherheitsgefühl vermitteln, und der alte Stiefvater neigte dazu, ihm alle Wünsche zu erfüllen und ihm keine Richtschnur zu geben. Schließlich wurde diese zweite Ehe der Mutter wieder geschieden. Der Patient entschloß sich, beim Stiefvater zu bleiben. Dennoch oder gerade deshalb fühlte er sich hin und her gerissen zwischen der Mutter und seinem angenommenen Vater. Der Heroinabusus hatte nach seiner Hepatitiserkrankung begonnen. Vorher hatte er schon Cannabis und gelegentlich LSD konsumiert. Dem Patienten selber war aufgefallen, daß er dazu tendiert hatte, in einer Fusion mit seinem Stiefvater zu leben. Er konnte sich nicht verselbständigen, fand auch beruflich seinen Weg nicht und litt darunter. Durch ein entsprechendes Milieu dazu verführt, griff er zu den Suchtdrogen. Sie sollten ihm, unbewußt, dazu verhelfen, seine eigene Welt aufzubauen, sein Selbstgefühl zu stärken. In der Drogenwirkung konnte ihn niemand erreichen und hatte er nicht das Bedürfnis, sich restlos dem Stiefvater anzuschließen. Er konnte auch seine hochfliegenden Pläne im Drogenrausch erleben, ohne von der äußeren Wirklichkeit daran gemahnt zu werden, daß er kaum noch eine Selbstidentität entwickelt hatte.

Auch bei den Alkoholkranken lassen sich Tendenzen erkennen, die sich den Betreffenden entziehende Welt einzuverleiben. Es wird im Volksmund etwa davon gesprochen, daß ein «Schoppen» getrunken wird, oder daß die Betroffenen «mämmele». Schon diese Redewendungen deuten darauf hin, daß die – orale – Einverleibung, wohl aber auch die narzißtische Verstärkung durch die Einnahme dieser Art «Muttermilch» entscheidend zum Trinken beiträgt. Auf die Hungerkrankheit der Alkoholabhängigen weist auch der Umstand hin, daß bei ihnen nicht selten schon in der Vorgeschichte Magen- und Zwölffingerdarmgeschwüre auftraten (LABHARDT, 1964). Die Alkoholabhängigkeit wie auch die Ulzera sind, unter diesem Aspekt, Symptome der zugrundeliegenden Hungerkrankheit.

Wir hatten einen aus Italien stammenden Mann in seinem 41. Lebensjahr zu betreuen. Er war als zweites von vier Geschwistern zur Welt gekommen, wuchs in einer großen Bauernfamilie auf, die vom Großvater patriarchalisch «regiert» wurde. Der Vater war hart, wenig verständnisvoll und starb mit 39 Jahren an einer Tuberkulose. Die Mutter lebte zur Zeit der Konsultation noch in ihrer Heimat. Sie hatte wenig Muße für ihre Kinder, da sie in einer Fabrik arbeitete. Großmutter und Tante boten einen gewissen Ersatz. Der Patient erlebte in seiner Kindheit den Großvater und die Vatersbrüder als bedrohlich, wie übrigens auch den Vater selbst. Als Kind fiel er als körperlich schwach auf. Man konnte ihn nicht bei den Feldarbeiten einsetzen. Er war in der Kindheit ängstlich, verhielt sich zurückgezogen, fand wenig Kontakt zu den anderen Kindern. Der Tod des Vaters traf ihn 9jährig. Er wurde mit einer seiner Schwestern von der Großfamilie entfernt und lebte zwei Jahre lang in der Familie eines Onkels. Dort soll er immer wieder geschlagen worden sein. In der Folge konnte er wieder zurückkehren. Bis zu seinem 14. Lebensjahr besuchte er die Schule. Doch konnte er aus Angst vor Prüfungen die Ausbildung nicht abschließen. Daß er Mädchen gegenüber keine Zuneigung verspürte, sondern sich eher von Schulkollegen angezogen erlebte, machte ihn noch ängstlicher und verschlossener, da er mit niemandem darüber sprechen konnte. Nach Schulabschluß, in seiner Tätigkeit als Verkäufer, mußte er hart arbeiten. Er wohnte bei seiner Mutter und den Schwestern und fühlte sich unverstanden. Mit niemandem konnte er von seinen homosexuellen Neigungen sprechen. Er arbeitete später als Vertreter einer Likör-Firma. Zu dieser Zeit begann er zu trinken. Er konnte damit vermeintlich seine sozialen Schwierigkeiten wie auch seine homophile Neigung «überwinden». Er hoffte, in unserem Land die ihm zusagende Geborgenheit zu finden und übersiedelte 1961 in die Schweiz. Zuerst arbeitete er als Kellner, dann, nach entsprechender Ausbildung, als Coiffeur. Schließlich fand er einen Freund, mit dem er sechs Jahre lang zusammenleben konnte. Bei ihm fand er die Geborgenheit, die er früher nie zu erfahren vermochte. Nachdem sich ein Dreiecksverhältnis entwickelt hatte, litt unser Patient wieder sehr, und er trennte sich in der Folge von seinem Freund. Es stellte sich bald ein Ulcus ventriculi ein. Er mußte operiert werden. In dieser Zeit begann er erneut massiv zu trinken. Eine Woche lang mußte er in einer Psychiatrischen Klinik hospitalisiert werden. Er wurde dort auf Disulfiram (Antabus) eingestellt, und er blieb diesbezüglich in Kontrolle eines Sozialarbeiters. Der Patient konnte in der Folge seiner Arbeit nicht mehr regelmäßig nachgehen. Er verlor weiter die Kontrolle über seinen Alkoholkonsum, und er mußte finanziell durch seine Mutter unterstützt werden. Auch sein Ex-Freund versuchte ihm zu helfen, doch fühlte sich der Patient immer wieder durch ihn enttäuscht, weil er keine erneute intime Beziehung mehr mit ihm einging. Seine Schüchternheit, seine Kontaktschwierigkeiten, sein mangelndes Selbstvertrauen verunmöglichten ihm neue Bekanntschaften. In seiner Wohnung quälten ihn Angstgefühle. Es blieb ihm schließlich nichts anderes übrig, als wieder für einige Wochen eine Klinikbehandlung anzutreten.

Dieser Patient erfuhr eine Aufzucht, jedoch keine warmherzige Erziehung. Besonders von Seiten seines Vaters und seines Großvaters lernte er nur ein bedrohliches Bild der Männlichkeit kennen, und er sehnte sich zeitlebens nach jener väterlichen Nähe, aber auch nach der mütterlichen Wärme, die ihm den Aufbau eines konsistenten Selbst gestattet hätten. Seine homosexuellen Tendenzen wie auch seine Neigung, im Übermaß Alkohol zu sich zu nehmen, sollten wohl dazu dienen, sein narzißtisches Loch aufzufüllen, ihn in seinem Selbstgefühl zu stärken. Sein Hunger nach anderen Männern und sein «Durst» nach Alkohol ließen erkennen, daß er im Grunde genommen auf einer narzißtisch-oralen Entwicklungsstufe fixiert war und sich der Objekte, die sich ihm früher entzogen hatten, total bemächtigen bzw. mit ihnen fusionieren wollte.

Bei Depressiven wie bei Süchtigen kann, wie wir gesehen

haben, der Hunger so weit gehen, daß sie kritiklos Objekte zu sich nehmen und dabei kaum verspüren, daß die «Einverleibung» stattgefunden hat. Dabei ist diese Tatsache nicht verwunderlich. Wer nämlich Objekte, sei es oral-inkorporativ oder narzißtisch-fusionär, sich ganz aneignen möchte, wird dazu tendieren, deren Eigenständigkeit zu negieren und dabei auch deren Eigenwert aus den Augen zu verlieren. Das französische Sprichwort «tout embrasser c'est tout perdre» drückt diese Einsicht wohl am besten aus. Wer ein Objekt oder gar die ganze Objektwelt umarmen oder einnehmen möchte, wird kommunikationslos sein, da er die Eigenständigkeit der Objekte nicht wahrzunehmen vermag. Depressive wie Süchtige weisen diese Tendenz aber nicht zufällig auf. Beide sind in ihrem Selbstwert gestört, beeinträchtigt. Ihre Fähigkeit zur narzißtischen Besetzung ihres Ich, Es und Über-Ich und der Objekte ist beeinträchtigt. Ob wir uns energetisch-triebdynamisch, entsprechend der Kognitionslehre oder der Informationstheorie ausdrücken, ob wir sagen, daß bei ihnen zu wenig narzißtische Libido vorhanden ist, oder ob wir formulieren, es sei keine narzißtische Aufmerksamkeit aufbringbar, oder ob wir feststellen, daß keine narzißtische Information weitergegeben werden kann, immer drücken wir damit die Tatsache aus, daß dem betroffenen Individuum das Selbst und das damit zusammenhängende Selbstbild, das Selbstwerterleben, weitgehend oder ganz fehlt. Depressive wie Süchtige leiden unter dieser narzißtischen Beeinträchtigung ganz besonders. Im Unterschied zu den Menschen, die ausschließlich an einer narzißtischen Neurose ohne wesentliche Begleitdepression und ohne Suchtneigung leiden, ist bei den Depressiven und Süchtigen die Fusions- und Anklammerungstendenz an die Objektwelt imperativ.

Kommt es bei diesen Menschen zu einem Aneignungsdelikt, so ist dem Umstand Rechnung zu tragen, daß diese Individuen oft ihre Leere nicht zu ertragen vermögen und unter allen Umständen sich eines Gegenstandes bemächtigen wollen, um sich zu beruhigen. Wohl sind sie fähig, Einsicht in das Unrecht ihrer Tat zu nehmen, doch sind sie kaum oder nicht in der Lage, entsprechend dieser Einsicht zu handeln, weil für sie das narzißtische Loch, der Mangel an ihrem Selbst, als unaushaltbar erlebt wird. Dementsprechend sind die Betroffenen als mehr oder weniger weitgehend unzurechnungsfähig für die eingeklagten Delikte zu betrachten. Der Hunger dieser Depressiven und Süchtigen kann indes nie gestillt werden.

Ich erinnere mich an eine ältere, schwer Depressive, die ganze Stapel von gestohlenen Gegenständen in ihrem Keller stehen hatte. Sie hatte dafür keine Verwendung, dachte kaum mehr an diese Objekte und fühlte sich nach wie vor unglücklich. Vielleicht daß sie eine kurze Entspannung verspürte, während sie einen Gegenstand an sich nahm, doch folgte bald ihr unglücklicher habitueller Zustand.

Auch bei Süchtigen aller Art, nicht etwa nur bei Drogenabhängigen, sondern auch bei süchtigen Sammlern oder süchtig Essenden, ist das Pläsier bei der Aneignung eines Objektes meist nur kurz. Wir kennen ja den volkstümlichen Ausdruck: «Ich könnte mich zu Tode fressen.» Diese Aussage spricht dafür, daß bei süchtigem Nahrungshunger die Grenze der Aufnahme erst dann erreicht wäre, wenn als Folge der Tod einträte. Im Volk sind auch Ausdrücke bekannt wie: «Er (oder sie) hat nie genug.» Dieses darin zum Ausdruck kommende Bekenntnis bezeugt die Unersättlichkeit der Betroffenen. Wir kennen auch Anerkennungssüchtige, wobei wiederum allgemein bekannt ist, daß wer bei allen beliebt sein will, eine hintergründige Problematik hat. In unserem Zusammenhang können wir dieses Problem als narzißtische Fusions-, Selbstbestätigungs- und Spiegelungsbedürfnisse erkennen.

Diese Unersättlichkeit in bezug auf emotionale Anerkennung der Süchtigen zeigt sich auch bei der Gruppenpsychotherapie mit diesen Kranken. Die Beteiligten einer solchen Gruppe werden abhängig vom Kollektiv, so daß mit der Gruppenbehandlung nicht beliebig aufgehört werden kann.

Bei einer Gruppe von 7–9 medikamentenabhängigen Frauen in mittleren Jahren, die wir in den Jahren 1957–1967 geführt haben, mußten wir feststellen, daß – mit Ausnahme einer Kranken – alle rezidivierten, nachdem aus äußeren Gründen die Gruppe beendet worden war. Auch dieser Befund zeigt, daß Süchtige ganz allgemein – und nicht nur die Adipösen – eine Objektkonstanz zur Überwindung ihres narzißtischen Defektes, zur Kompensation ihres Hungers benötigen. Das heißt Adipöse wie andere Süchtige können nicht einfach auf ihr süchtig eingenommenes Mittel verzichten, sondern bedürfen eines Ersatzes. Bei der gruppenpsychotherapeutischen Erfassung werden die Betreffenden gruppenabhängig. Es könnte dieser Umstand bedauert werden, da diese Menschen auf diese Weise keine volle Autonomie entwikkeln. Diesem Einwand ist entgegenzuhalten, daß die Fettsüchtigen (bzw. Nahrungssüchtigen) wie die von Suchtdrogen Abhängigen oft keine volle Eigenständigkeit erlangen können. Die Gruppenabhängigkeit wäre, sofern sie nicht ideologisch oder politisch ausgenützt wird, eine harmlosere Erscheinung als die sich schädigend auswirkende Fettsucht oder die anderen Süchte. Erst wenn diese Menschen im Alter narzißtisch weniger bedürftig geworden sind, werden sie eventuell ohne dauernde äußere Stützung durch eine Gruppe von gleichermaßen Betroffenen auskommen können, das heißt erst dann werden sie sich vielleicht ohne die Begleitung durch eine Gruppe zurechtzufinden vermögen können, wenn ihr narzißtischer Hunger weniger intensiv geworden ist. Ciompi und Eisert (1971) haben festgestellt, daß ehemalige Medikamentenabhängige im Alter – allerdings erreichten bedeutend weniger als der Durchschnittsbevölkerung entspricht, fortgeschrittenere Jahre, da sie eine überdurchschnittliche Morbidität und Mortalität aufweisen – oft ein ruhiges und geordnetes Leben führen, ohne weiterhin der früher süchtig verwendeten Medikamente zu bedürfen.

Die unersättliche, destruktive Tendenz zu einer totalen Fusion mit einem Objekt und dessen Zerstörung

Bei schwerst in ihrem Selbstwerterleben und in ihrer Vorstellung des anderen Menschen, in der psychoanalytischen Sprache ausgedrückt, in ihrer Selbst- und in ihrer Objektrepräsentanz gestörten Individuen verhält es sich, wie ich andernorts dargelegt habe (BATTEGAY, 1981), oft so, daß die Betroffenen eine totale Einordnung der ihnen Begegnenden oder der mit ihnen Arbeitenden in ihre Vorstellungswelt erwarten. Diese Menschen waren entweder genetisch, infolge Ich-Schwäche, nicht in der Lage, sich genügend Liebe und Achtung bereits durch ihre Mütter zu verschaffen, oder aber sie sind ursprünglich normal angelegt, und sie haben durch eine vernachlässigende oder eine extrem überbehütende Erziehung keine Gelegenheit zum Aufbau einer soliden Selbstrepräsentanz und zur Heranbildung einer realitätsangepaßten Objektrepräsentanz erhalten (MAHLER, 1968/1972). H. HARTMANN (1964/1972) hat darauf hingewiesen, daß dem Ich üblicherweise freie Kräfte zur Verfügung stehen, die es in die Lage versetzen, zu einer realitätsgerechten sozialen Integration des Individuums zu führen, ohne daß es sich dabei überanpassen müßte, und ohne daß es erwartete, daß andere sich ihm total unterzuordnen hätten. Es kann nun aber, wie erwähnt, ein Individuum anlagemäßig oder umweltbedingt in seiner Ich-Entfaltung behindert sein. H. KOHUT (1971/1973) und O.F. KERNBERG (1975) haben auf Krankheitsbilder hingewiesen, die aus mangelnder emotionaler Wärme- und Stimulationserfahrung in der frühesten Kindheit oder infolge mangelnder Sensitivität für emotionale Zuwendung aus einer Anlageschwäche heraus sich ergeben: die narzißtischen Neurosen bzw. narzißtischen Persönlichkeitsstörungen, die vorwiegend lebensgeschichtlich bedingt sind, und die Borderline-Störungen, die überwiegend genetisch determiniert sind, jedoch außerdem durch gefühlsmäßige Mangelerfahrungen oder Überbefürsorgungen in der frühen Kindheit erhärtet werden.

Bei den narzißtisch gestörten Neurotikern und Borderline-

Patienten finden wir eine Tendenz, ihre Selbstbeeinträchtigung kompensieren zu wollen: Es zeigen sich bei ihnen Größenvorstellungen, vor allem aber Fusionstendenzen mit idealisierten Objekten sowie eine Neigung zu Spiegelbeziehungen bzw. -übertragungen (BATTEGAY, 1977/1979). Sie tendieren dementsprechend dazu, Objekte so sehen zu wollen, wie sie sie aus inneren Gründen benötigen. Dabei helfen ihnen ihre Größenvorstellungen, das Objekt in dieser Weise als ein Attribut von ihnen zu betrachten. Die Mitmenschen sollten nur die Gefühle der narzißtisch Gestörten widerspiegeln, nicht aber ihre eigenen bekanntgeben. Besonders die Borderline-Patienten neigen zur projektiven Identifikation und, entsprechend den Beobachtungen von MELANIE KLEIN (1932) und KERNBERG (1975/1981), dazu, die Objekte, gemäß archaischem Erleben, in gute und böse zu scheiden. Ein Objekt, das zuerst eine Fusion ermöglichte, wäre in dieser Sicht ein gutes. Es würde aber zum schlechten Objekt, wenn es dann, beim Einsehen, daß es bei weiterem Fusionieren seine Unabhängigkeit verlöre, die bisherige Haltung verweigerte. Widerstrebt also ein dermaßen gebrauchtes oder mißbrauchtes Objekt den Ansprüchen des narzißtisch Beeinträchtigten, so ergeben sich unkontrollierte Aggressionsausbrüche, wie sie sowohl KOHUT (1971/1973) als auch KERNBERG (1975/1981) beschrieben haben. Der vom Fusionsbestreben Betroffene wird erst recht von Zorn erfüllt, wenn er seine Abhängigkeit vom Objekt erkennt. Die Befunde von MENDE (1967) an Patienten, die plötzliche Tötungshandlungen ausführten, ergaben eine ähnliche Dynamik.

ERICH FROMM (1973/1974) betont, daß der verletzte Narzißmus eine der wichtigsten Quellen der defensiven Aggression sei. Wir können dieser Feststellung nur teilweise beipflichten. Wenn schon eine defensive (benigne) von einer destruktiven Aggression unterschieden wird, so muß ganz eindeutig die auf einem verletzten Narzißmus beruhende Aggression als maligne, als destruktiv bezeichnet werden. ERICH FROMM (1973/1974) spricht von der Nekrophilie, d.h. von der «Leidenschaft, das, was lebendig ist, in etwas Unlebendiges umzuwandeln; zu zerstören um der Zerstörung willen; das ausschließliche Interesse an allem, was rein mechanisch ist; es ist die Leidenschaft, lebendige Zusammenhänge zu zerstückeln». FROMM bringt diese Tendenz in keiner Weise in

Berührung mit der narzißtischen Wut, mit dem narzißtischen Rachebedürfnis, mit der Tendenz, die anderen für die eigene narzißtische Verkürztheit büßen zu lassen. Dieser Autor sagt zum nekrophilen Charakter: «Der nekrophile Charakter erlebt nur die Vergangenheit und nicht die Gegenwart oder Zukunft als ganz real. Das, was gewesen ist, das heißt, was tot ist, beherrscht sein Leben: Institutionen, Gesetze, Eigentum, Traditionen und Besitztümer. Kurz gesagt, die Dinge beherrschen den Menschen; das Haben beherrscht das Sein; das Tote beherrscht das Lebendige. Im persönlichen, philosophischen und politischen Denken des Nekrophilen ist die Vergangenheit heilig, nichts Neues ist von Wert, eine drastische Veränderung ist ein Verbrechen gegen die ‹natürliche› Ordnung.» Damit zeichnet FROMM (1973/1974) eigentlich die Tendenz, die wir bei Menschen beobachten, welche in ihrer frühesten Kindheit keine warme und stimulierende Objekterfahrung zu sammeln vermochten, d.h., wie dieser Autor selbst sagt, niemals Wärmegefühle zu ihrer Mutter zu entwickeln vermochten, sei es, weil sie dazu genetisch nicht in der Lage waren, sei es, daß die Mutter ein kalter, abweisender Mensch ist, oder sei es, weil die frühen Kindheitserlebnisse traumatisierend waren. FROMM (1973/1974) kennt Menschen, die die aktuelle Realität nicht anzunehmen vermögen, doch führt er es, anders als es hier dargelegt wird, auf eine analsadistische Tendenz dieser Menschen zurück. Er sagt: «. . . , daß die Nekrophilie als die bösartige Form des analen Charakters definiert werden kann.» Unsere Erfahrung, die wir anhand von Beispielen belegen möchten, ist es nun aber, daß diese Menschen nicht, wie es bei analen Charakteren typisch wäre, einfach Objekte besitzen möchten, um sich durch sie zu bereichern, und um keine Veränderung erleben zu müssen, sondern daß sie Objekte gar nicht als gesondert von sich zu betrachten vermögen. Die Betreffenden besitzen dementsprechend in ihrer Phantasie die Objekte nicht eigentlich, sondern sie gehen in ihrer Vorstellung mit ihnen eine Fusion ein, bei der die Objekte als solche zu existieren aufhören. Regt sich ein Objekt, so daß es als solches wahrgenommen wird, verweigert es die Fusion, so bestehen für diese narzißtisch schwer gestörten Individuen nur zwei Möglichkeiten: entweder das Objekt wird vernichtet, oder aber die Betreffenden fühlen sich durch das nun in Erscheinung getretene Objekt wahnhaft verfolgt.

Diesen schwersten narzißtischen Neurosen und Borderline-Störungen mit narzißtischer Störung kommt forensisch eine große Bedeutung zu. Sind solche Menschen nach Androhung einer Tat zu begutachten, so muß man wissen, daß sie tatsächlich Mitmenschen gegenüber, mit denen sie in ihrer Vorstellung eine Fusion eingegangen sind, sehr gefährlich werden können, wenn sich solche Menschen selbständig zu regen beginnen. Auch kann nach erfolgter Tat niemals gesagt werden, daß ein solches Individuum kein zweites Mal jemanden umbrächte, wenn die gleichen Fusionsverhältnisse bestehen bzw. aufgelöst werden.

Ein 23jähriger Mann, der in ungünstigen familiären Verhältnissen als Sohn eines arbeitsscheuen Vaters und einer affektiv kühlen, kinderablehnenden Mutter aufgewachsen ist, kam im vierten Lebensjahr in ein Waisenhaus. Er zeigte verlängertes Daumenlutschen, Bettnässen bis in die Schulzeit, Nägelkauen, eine gestörte Sprachentwicklung mit Stottern. Trotz durchschnittlicher Intelligenz hatte er große Lernschwierigkeiten. Oft blieb er von der Schule weg, oder er lief aus dem Unterricht davon. Gelegentlich kam es zu kleineren Diebstählen. Handkehrum konnte er sehr nett sein, sich anpassen, so daß seine Streiche zunächst nicht ernst genommen wurden. Im Alter von 15 Jahren starb seine erste Freundin. Er erlitt danach einen epileptischen Anfall. Doch wurde die Diagnose einer Epilepsie erst sechs Jahre später gesichert. An Lehrstellen konnte er nicht bleiben, da er an seinen Arbeitsplätzen keine Disziplin aufbrachte und Diebstähle beging. An den Orten, an denen er nach dem Waisenhausaufenthalt wohnte, konnte er sich nicht halten, da er jeweils nicht auf die Umsorgungsangebote einging. In der Rekrutenschule kehrte er bald nicht mehr vom Ausgang zurück, so daß ein Verfahren eingeleitet wurde. Bald darauf entwendete er seiner behandelnden Ärztin, einer Neurologin, einen höheren Geldbetrag. Immer mehr verlor der Explorand die Maße der gesellschaftlichen Ordnung, und es kam verschiedentlich zu Diebstahlsdelikten. Grund zur neuen Begutachtung war der Umstand, daß er im Alter von 23 Jahren seinem Halbbruder half, dessen Verlobte, eine 32jährige Frau, umzubringen, indem er ihr auf ein Losungswort die Beine hielt, während sie der andere erwürgte. Der Explorand verhielt sich bei den Untersuchungen so aggressiv und fordernd, daß er wenig auf die Explorationssituation einzugehen vermochte. Bei der letzten Besprechung sagte er, er habe in der Strafanstalt – auf sein Begehren hat er vorzeitig die Strafverbüßung angetreten – einen Daniel kennengelernt, der ungefähr 31 Jahre alt sei. Durch ihn habe er erstmalig jene Liebe erfahren, die ihm einen Halt verleihe. Beide seien sexuell miteinander verbunden und hielten einander die Treue. Sollte einer von ihnen diese Treue vergessen, so würde der eine den anderen umbringen. Auf eine entsprechende Frage erklärte der Explorand, daß er, würde er beispielsweise früher als sein Freund aus der Haft entlassen, eine Frau umbrächte, und ebenso würde es, wie er sagte, sein Freund tun, wenn der Explorand früher als der andere aus der Haft entlassen werden sollte. Es wurde ihm das Gefährliche solcher Vorstellungen vor Augen geführt. Er blieb aber dabei und sagte, daß er nur ein Zusammenleben, eine völlige Einheit mit seinem Freund kenne. Alle anderen Lösungen würden, wie er sagte, bei ihm dazu führen, daß er eine Frau entweder umbrächte oder aber «rollstuhlreif» schlagen würde. Als ihm entgegengehalten wurde, daß er niemals eine restlose Einstimmung eines Menschen in seine Vorstellungen erwarten könne, schien er diesen Einwand zu verstehen, doch beharrte er darauf, daß ihm dieser Freund einen absoluten Halt gebe. Der Explorand trug bei der Untersuchung eine vom Freund geschenkte Lederjacke und wollte sie auf Aufforderung hin nicht ausziehen. Er wurde auch gefragt, wie es wäre, wenn der Freund sich von ihm lossagte. Er antwortete, daß er in diesem Falle diesen Mann umbrächte, wie es auch der Fall wäre, daß er getötet würde, wenn er die Treue seinem Freund gegenüber bräche.

Bei der experimentell-psychologischen Prüfung* ergab sich ein Gesamtintelligenzquotient von 96 (Verbalteil: 96, Handlungsteil: 97) im Hamburg-Wechsler-Intelligenztest für Erwachsene. Im Aufmerksamkeits-Belastungs-Verfahren arbeitete der Explorand außerordentlich langsam, bei guter Arbeitsqualität. Im Benton-Test ergab sich keine Lei-

* Herrn PD Dr. U. RAUCHFLEISCH sei auch an dieser Stelle für die Vornahme der testpsychologischen Untersuchungen gedankt.

stungsminderung, so daß auch aus diesem Grunde eine psychoorganische Störung ausgeschlossen werden konnte. Im Farbpyramidentest fiel auf, daß er wenig Steuerungsmöglichkeiten für seine Affekte besitzt. Seine geringe Frustrationstoleranz zeigte sich im Rosenzweig Picture-Frustration Test. Das Rorschachsche Formdeuteverfahren ließ eine Reihe farbbestimmter Deutungen erkennen, die auf eine weitgehend ungesteuerte Affektivität hindeuten. Es ließen sich in diesem Testverfahren eine erhebliche Beeinträchtigung der mitmenschlichen Bezüge des Exploranden und somit Kommunikationsschwierigkeiten feststellen. Schockphänomene weisen auf Konflikte im Bereiche seiner männlichen Identität und in seiner Beziehung zu Frauen hin.

Es zeigte sich demnach bei diesem Manne, daß er in keiner Weise bereit ist, ein Objekt wirklich als solches wahrzunehmen. Sein intimer Freund bleibt für ihn nur so lange ein Partner und Mensch, als er bereit ist, sich total in seine Vorstellungswelt einzuordnen. Wiche der Freund davon ab, würde er umgebracht. Es fällt ferner auf, daß der Explorand, falls er aus äußeren Gründen aus dem fusionären Verhältnis entlassen wird, sich Frauen gegenüber so unsicher fühlt, daß er, der mithalf, eine Frau zu töten, deren Realität weiter nicht akzeptieren könnte und eine neu ihm begegnende Frau umbringen oder «rollstuhlreif» schlagen würde.

Bei diesem Exploranden ergab sich demnach, daß seine Epilepsie keine psychoorganische Störung im Gefolge hatte. Der Explorand erwies sich aber in seiner Selbst- und in seiner Objektrepräsentanz als dermaßen beeinträchtigt, daß er nur ungestört zu existieren vermochte, wenn sich ihm jemand total botmäßig machte. Entzog sich ihm ein Objekt, oder hegte er Ängste oder gar Groll gegenüber Menschen, z.B. den Frauen, so vermochte er sich nicht damit auseinanderzusetzen. Er dachte nur daran, die Realität auszulöschen, bzw. den sich ihm nicht voll fügenden bzw. sich ihm entziehenden Menschen umzubringen. Wir mußten deshalb in unserem Gutachten die Rückfallgefahr als erheblich bezeichnen. Allerdings erfüllte er die Kriterien von Art. 42[1)] des Schweizerischen Strafgesetzbuches (StGB) noch nicht, und er konnte damit nicht als Gewohnheitsverbrecher verwahrt werden. Es wurde angeführt, daß dem Explorانden eine Chance geboten werden sollte, damit er allfällig doch noch eine Reifung durchmachen und seine Tiefenregungen besser in die Hand bekommen könnte. Wir fügten an, daß dementsprechend Art. 100[bis 3)] angewendet werden könnte, der für junge Erwachsene (vom 18. bis 25. Lebensjahr) gilt. Er würde in diesem Falle in eine Arbeitserziehungsanstalt eingewiesen werden, unter der Annahme, daß durch diese Maßnahme künftige Verbrechen oder Vergehen verhütet bzw. die entsprechende Gefahr vermindert werden könnte. Es wäre dabei zu versuchen, ihn gleichzeitig psychotherapeutisch zu betreuen. Gleichwohl mußten wir die Prognose als sehr ernst betrachten.

Wie das Beispiel dieses jungen Mannes zeigt, tritt er beinahe nur in Kontakt mit Individuen gleichen Geschlechtes, wobei seine Beziehung zu ihnen lediglich auf dem Wege über die Fusion geht. Verhält sich der «Partner» nicht so, wie unser Explorand es sich vorstellt, wird er als Objekt nicht toleriert.

Winnicott (1971/1979) hat gezeigt, wie das Kleinkind Objektbeziehungen eingeht, indem es primär sie zerstören, in seine Eigenwelt einverleiben möchte, und erst wenn es die Unzerstörbarkeit des Objektes erlebt hat, zu einer reiferen Bezugnahme zu Mitmenschen, in dieser Zeit der Mutter, fähig ist. Wenn nun bei einem solchen Mann, wie dem geschilderten Exploranden, die Mutter sich ihm gegenüber von Anfang an ablehnend verhielt, so konnte er nie jene innige Beziehung zu ihr entwickeln, bei der er hätte versuchen können, sie menschlich in seine Phantasiewelt zu integrieren. Außerdem durfte er nie jene warme Zuneigung und Stimulation erfahren, die ihm ein gesundes Selbstgefühl vermittelt hätte. Er strebte deshalb sein ganzes Leben nach jener totalen Fusion mit einem Objekt, um damit diese frühe, von Winnicott (1971/1979) geschilderte Objektbeziehung nachzuholen und sich so gleichzeitig auch eine größere Selbstsicherheit zu verschaffen. Dadurch, daß er aber naturgemäß nie das früh Versäumte erlangen konnte, blieb er fixiert auf seine bedingungslosen Fusionswünsche, so daß er für Menschen, die – wohl aus eigener narzißtischer Störung heraus – bereit waren, sich ihm zu nähern, gefährlich werden konnte.

Bei Menschen, die diese restlose Unterordnung des Objektes in die eigene Vorstellungswelt aus frühkindlicher Verkürztheit heraus erwarten – wobei, wie erwähnt, nicht immer die äußere Umgebung diese hervorgerufen haben mag, sondern etwa auch eine genetische Unterempfindsamkeit für Außenweltseindrücke –, kann es, entziehen sich ihnen die Objekte, zu paranoiden Entwicklungen (im Sinne des zunehmenden Mißtrauens) oder gar zu paranoischen Entwicklungen (katathymen Wahnentwicklungen) kommen, und/oder gerade deshalb können sie für einen nahekommenden Menschen gefährlich werden.

Ein Mitarbeiter eines Industriebetriebes wurde uns in seinem 51. Lebensjahr zur Begutachtung zugewiesen. Angeblich in bezug auf psychische Krankheiten hereditär unbelastet, wuchs er als sechstes von sieben Kindern bei kühler Mutter und werktätigem Vater auf. Von jeher soll er ein «Raufbold» gewesen sein. 11jährig machte er, während einer Schulpause, einen Unfall durch. Er brach sich einen Arm. Der entsprechende Ellbogen versteifte, und es mußte der größte Teil des Armes und der Hand vertikal amputiert werden. Zuerst ließ er sich zum Handwerker ausbilden. Doch hatte er wegen seiner Invalidität bei der Stellensuche Schwierigkeiten, obschon er sich mit dem ihm verbleibenden Rest der verstümmelten Hand außerordentlich geschickt in die andere Hand spielen konnte. Er kam dann, 23jährig, in den erwähnten Betrieb, wurde auf Lochkarten umgeschult. Mit großer Begeisterung war er in der Datenverarbeitung tätig. 31jährig kam es dann aber zu einem akuten Ausbruch des schon vorher vorhandenen Mißtrauens gegen Mitarbeiter und Vorgesetzte. Er erklärte, daß ihm immer in seinen Schubladen gewühlt worden sei, und er beschuldigte einen Mitarbeiter, dafür belohnt zu werden. Sein Vorgesetzter habe sich «entlarvt». Seine Büronachbarn beobachteten ihn stets. Der Patient drohte, sich oder einem Mitarbeiter etwas anzutun. Die Untersuchung beim Werkarzt führte zur Diagnose: «Psychisch abnorme Persönlichkeit mit ausgesprochenen paranoiden Ideen.» Er wurde in eine andere Abteilung der Firma versetzt. Doch es kam wieder zu Spannungen, als der Explorand 50 Jahre alt war. Als er bemerkte, daß seine Mitarbeiter durch den Vorgesetzten veranlaßt worden waren, Karteikarten, die er in der Nähe seines Arbeitsplatzes haben wollte, in den Keller zu bringen, bemächtigte sich seiner ein ungeheurer Zorn. Er schlug auf seinen Vorgesetzten ein. Es kam zu einem Disziplinarverfahren. Da dabei die Gefahr bestanden hatte, daß der Explorand weiter in seine überwertige Mißtrauenshaltung hineingetrieben worden wäre, wurde dieses Verfahren auf psychiatrischen Rat eingestellt. Bei der psychiatrischen Untersuchung war erkannt worden, daß der Explorand ein ungeheures Geltungsstreben, ein anspruchsvolles Gerechtigkeitsgefühl und maßlose Wuterscheinungen hatte, wenn er nicht recht bekam. Es wurde damals gewarnt, ihn weiter in der gleichen Abteilung des Industriebetriebes zu beschäftigen. Die psychiatrische Warnung wurde durch die Vorgesetzten in den Wind geschlagen, obwohl nicht nur der ärztliche Dienst, sondern auch die Geschäftsleitung auf die Gefährlichkeit des Exploranden aufmerksam gemacht und seine Versetzung in eine andere Abteilung vorgeschlagen wurde. Er wurde erneut am alten Arbeitsplatz eingesetzt. Kurze Zeit danach schoß er auf den höchsten Vorgesetzten der Abteilung, nachdem sich seiner wieder das Gefühl bemächtigt hatte, ungerecht behandelt worden zu sein. Er traf den Abteilungsleiter in den Kopf, so daß er bewußtlos blieb und einige Tage darauf verschied.

Bei den experimentell-psychologischen Untersuchungen fiel auf, daß der Explorand gemäß dem Hamburg-Wechsler-Intelligenztest für Erwachsene einen Gesamtintelligenzquotienten von 120 hatte. Im Rosenzweig Picture-Frustration Test erwies er sich als extrem frustrationsintolerant, stark aggressiv gegen seine Umwelt, unangepaßt gegenüber der jeweiligen Situation.

Zusammengefaßt ergab sich, daß dieser Mann seit der Zeit seiner Kindheit, in der er noch nicht invalid war, kommunikationsgestört war und dazu neigte, sich die Umwelt durch Aggressionshandlungen botmäßig machen zu wollen. Es war ihm in seiner Ich-Schwäche mit begleitender narzißtischer Störung nicht möglich, sich in einen Menschen, ein Objekt, einzufühlen, es zu introjizieren. Dafür suchte er diesen Mangel mit einer totalen Ausdehnung seines Narzißmus auf die anderen Menschen, die Objekte, zu kompensieren. Dieser narzißtisch schwerst gestörte Mensch hatte keinerlei Mitgefühl für andere. Sein Über-

Ich war rudimentär oder höchstens in einem archaischen Ordnungssinn vorhanden. Kam es aber einmal zu einem Riß in seinem Ordnungsgefüge, so strömte ungestüm seine Dominationswut heraus.

Dieser Mann lebte in der Grenzsituation desjenigen, der in seiner Beziehungsschwäche keinerlei Bild des anderen in sich entwerfen kann, keine adäquate Objektrepräsentanz besitzt, dafür aber den anderen Menschen umso mehr in seine Gewalt bringen möchte. Widerstrebt der andere einem solchen Individuum, so kann es zu Gewalttätigkeiten bis zum Mord kommen. Solche Menschen dulden andere nicht fern von ihnen. Sie müssen sie unterwerfen oder dann aus der Welt schaffen. Dieser Mann mit seinem totalen narzißtischen Dominationsstreben duldete keine Eigenart außer seiner. Er war nicht in der Lage, die Objekte wahrzunehmen, wie sie waren. Im Sinne von WINNICOTT (1971/1979) war er nur imstande, eine Objektbeziehung – als subjektive Vorstellung vom Objekt – zu pflegen, nicht aber eine «Objektverwendung» zu vollziehen, bei welcher der äußeren Realität Rechnung getragen werden müßte. Dieser Mann war gefährlich für Menschen, die ihm aus äußeren oder inneren Gründen nahe kommen mußten. So kam es bei ihm im einen Fall zu einer Schlägerei und im anderen Fall sogar zum Auslöschen einer mitmenschlichen Existenz. Der schließliche Griff zur Pistole und das Vernichten eines mitmenschlichen Lebens führen dazu, daß die solchermaßen ihre Innenwelt mit der Außenwelt Verwechselnden und narzißtisch Gestörten die sich gegen sie Wehrenden auszumerzen trachten. Die Aggression gegen die Bezugsperson erfolgt, weil die Betroffenen an eine Grenzsituation (BATTEGAY, 1981) gelangen, in der sie es nicht ertragen, es sie kränkt, daß der andere sich endgültig als andersartig als sie erweist, weil sie sich nicht genügend von ihm abzugrenzen vermögen und sich durch ihn bedroht fühlen. Es erfolgt die Aggression, weil sie das «bös gewordene», früher als gut erlebte Objekt aus der Welt schaffen wollen.

Eine 37jährige mußte durch uns begutachtet werden, nachdem sie ihren drogenabhängigen Mann, unmittelbar nachdem er aus der Haft entlassen worden war, mit dem Revolver getötet hatte. Die asthenische, zartgliedrige Frau war die Tochter eines Handwerkers und einer stillen, in sich gekehrten, wenig zärtlichen und strengen Mutter, die seit dem achten Lebensjahr unserer Explorandin außerhalb des Hauses einer Arbeit nachging. Als viertes von sechs Kindern ist die durch uns begutachtete Frau in einem Reihenhaus lieblos aufgewachsen. Sie teilte mit einem zerebral geschädigten Bruder und einer Schwester das Zimmer. War sie der Aufsicht über den Bruder nicht gewachsen, wurde sie bestraft. Die Schulen bereiteten ihr keine Schwierigkeiten. Unzulänglich aufgeklärt, kam sie in die Menarche. Nach Schulabschluß erlernte sie einen künstlerischen Beruf. Sie erlebte den intimen Verkehr mit ihrem Freund als schmerzhaft, und sie wollte nachher, bei späteren Verbindungen, nichts mehr davon wissen. 19jährig lernte sie, in einem vorwiegend von jugendlichen Drogenabhängigen besuchten Lokal, ihren etwas jüngeren späteren Ehemann kennen. Er sei der erste Mann gewesen, den sie wirklich geliebt habe. Sie empfand anfänglich beim intimen Verkehr mit ihm nichts. Später aber kam sie zu ihrer Befriedigung. Die Eltern waren gegen diese Freundschaft. Die junge Frau und ihr Freund begaben sich zusammen in ferne Länder, und sie kam erstmals selbst mit Drogen in Berührung. Der Freund sprach bald im Übermaß dem Alkohol zu und nahm Amphetamin, LSD sowie Heroin zu sich. Wiederholt kam er mit dem Strafgesetz in Konflikt. Als sie 21 Jahre alt war, gebar sie eine Tochter. Zuerst wurde das Kind in eine Pflegefamilie gegeben, dann in ein Tagesheim. Als sie und ihr Freund arbeitslos waren, konnten sie das Kind zu Hause behalten. Später betätigte sie sich in einem Fabrikunternehmen. Sie war als gute Arbeitskraft geschätzt. Immer mehr litt sie aber darunter, daß der Freund sich nicht so verhielt, wie sie es erwartete. Er nahm sich zunehmend Freiheiten heraus, brachte Freundinnen nach Hause, veranlaßte sie zur Prostitution und finanzierte von dem Erlös seinen Drogenkonsum. Er legte sich eine Waffensammlung zu und unterrichtete seine Partnerin im Schießen. Sie fühlte sich immer mehr eingeengt und aufs Schwerste enttäuscht. Er quälte sie, obschon er Freundinnen hatte, mit Eifersuchtsszenen, weil er es nicht ertrug, daß sie ihm nicht total hörig war. Auch sie wurde in steigendem Maße mißtrauisch ihm gegenüber, weil er ihre Erwartungen nicht nur nicht erfüllte, sondern sogar verletzte. Beide waren im Grunde genommen gleichermaßen darauf aus, daß ihr Partner die unbewußten Strebungen des anderen lebe. Er kam wegen eines Drogendeliktes erneut ins Untersuchungsgefängnis. Damals schlossen die beiden die Ehe. Sie versuchte, ihn aus der Haft zu befreien und wurde deshalb selbst in ein Strafverfahren verwickelt. Eine kurze Zeit lang ließ sie sich in eine außereheliche Beziehung ein, angeblich um den Mann zu motivieren, sich von ihr zu trennen. Plötzlich erfuhr sie, daß ihr Gatte am anderen Tag heimkommen, aus der Haft entlassen werde. Sie habe sich die ganze Nacht überlegt, was sie tun solle, und sie sei zum Schluß gekommen, daß sie ihn umbringen wolle, da er nie von ihr ablassen werde. So kam es am Tag der Heimkehr des Mannes zur Tat, wobei sie ihn mit einer seiner eigenen Waffen erschoß, indem sie mehrere Schüsse auf ihn abgab.

Die ganze Lebensgeschichte dieser jungen Frau zeigt, daß sie in ihrer Kindheit sich einerseits nicht durchzusetzen vermochte und andererseits nie jene Wärme, jene Stimulation und jene Möglichkeiten zur kognitiven Erfahrung erhalten hatte, die ein Kind zum Aufbau eines konsistenten Selbst- und Objektwerterlebens unbedingt benötigt. Sie band sich in ihrer Schwäche und in ihrem narzißtischen Fusionsbedürfnis an einen Mann, der seinerseits Ich-schwach und schwer narzißtisch gestört war, und sie erwartete von ihm ein Leben in einer vollen Symbiose. So wurde sie zu seiner Komplizin in bezug auf den Drogenkonsum und die Befreiung aus der Haft. Einerseits fühlte sie, daß sie sich, um sich entfalten zu können, von ihrem Manne trennen sollte. Andererseits war sie in ihrer Schwäche und mit ihrem Minderwertigkeitsgefühl dazu nicht in der Lage. Auch erkannte sie, daß der Mann von ihr nicht lassen werde. Da sie sich nicht imstande fühlte, einerseits ohne die totale dominierende Ausdehnung ihres Narzißmus auf ihren Mann, andererseits aber auch nicht mit ihm zu leben, schaffte sie ihn aus der Welt. Nur durch das «Auslöschen» des Objektes glaubte sie, eine innere Freiheit zu erlangen, die sie bislang nicht gehabt hatte. An der Grenzsituation, in der ihr klar geworden war, daß der ihr untreue und wenig ordnungsorientierte Mann, trotz ihrer mißtrauischen Bewachung, ihr nie vollkommen zu Gebote stehen könnte, obschon oder gerade weil er sie selbst zu seiner narzißtischen Ergänzung und zur Stärkung seines Ich beanspruchte, vernichtete sie das Objekt, in der unbewußten Annahme, somit das sich ihrem Weltbezug widerstrebende Objekt auszumerzen.

Eine 30jährige Frau, die in Selbstbedienungsläden sinnlos Gegenstände zusammengestohlen hatte, für die sie in keiner Weise eine Verwendungsmöglichkeit hatte, mußte durch uns begutachtet werden. Diese Frau war in ungünstigen Familienverhältnissen aufgewachsen. Die Eltern waren geschieden worden, als sie etwa einjährig war. Bis zum vierten Lebensjahr kam sie zu den Großeltern mütterlicherseits. Als die Mutter sich in einem fernen Land wieder verheiratet hatte, wurde sie dorthin geholt. Vom Stiefvater habe sie ständig zu hören bekommen, daß sie nicht zur Familie gehöre. Auf ihren leiblichen Vater entwickelte sie einen furchtbaren Haß, da er sich nicht um sie kümmerte. Die Mutter wurde von ihr als schwach erlebt. Auf ihre Halbschwester reagierte sie mit Eifersucht. Sie sehnte sich nach Liebe, Wärme und Geborgenheit, die sie nicht bekommen konnte. Schon als Kind begann sie, kleinere Geldbeträge zu entwenden. Sie kaufte dafür Süßigkeiten für andere Kinder, um sie für sich zu gewinnen. Nach der Schulzeit beging sie kleinere Taschendiebstähle, so daß sie Schwierigkeiten an Lehrstellen bekam und einen ersten Suizidversuch ausführte. Um sich von zu Hause abzusetzen, ging sie mit einem Manne, den sie nicht liebte, eine Ehe ein. Sie ersehnte sich gleich ein Kind, damit sie sich bestätigen und ihre innere Leere ausfüllen könnte. Nachdem es zu einer Totgeburt gekommen war, beging sie wieder einen Selbstmordversuch. Die Ehe scheiterte. Nach der Scheidung ging sie gleich eine Beziehung mit einem anderen Manne ein. Als sie erfuhr, daß er ein Zuhälter war, führte sie einen weiteren Suizidversuch aus, und sie mußte psychiatrisch hospitalisiert werden. Sie lernte dann einen Mann aus dem Ausland kennen, verliebte sich in ihn. Bald ließ er sie mit Schulden im Stich. Sie begann, Diebstähle zu begehen. Diese steigerten sich im Verlaufe der Zeit, und es kam zu mehrfachen Betrügereien mit Urkundenfälschungen und nachfolgender Bestrafung. Schließlich freundete sie sich mit einem Akademiker an. Sie wurde von ihm schwanger und gebar ein Kind. In der Beziehung zu dem akademisch gebildeten Manne kam es immer wieder zu Spannungen. Sie sehnte sich sehr nach seiner Liebe, doch er gab ihr, wie sie sagte, nicht das zurück, was sie erwartete. Er fragte sich stets, ob er bei ihr bleiben solle, da er sich durch ihr ständiges Mißtrauen seiner Freiheit beraubt fühlte. An einem Abend begab er sich mit einem Bekannten, der im gleichen Haus wie er und die junge Frau wohnte, in die Stadt. Da das Haus sehr wenig isoliert war, hörte sie diesen Bekannten um 02.00 Uhr nach Hause kommen. Ihr Freund war noch nicht da. Als er um 04.00 Uhr heimkam, warf sie ihm sein spätes Heimkommen vor. Er soll zur Antwort gegeben haben: «Dies ist Männersache.» Sie habe dann ein Küchenmesser geholt und ihn unerwartet mehrere Male in seine Brust gestochen. Bald darauf erlag der Freund den Herzverletzungen, die bei diesen Einstichen erfolgt waren.

Diese in ihrem Ich und in ihrer Selbstidentität sowie in ihrer Objektvorstellung schwache Frau hatte während ihres ganzen Lebens – vergeblich – versucht, Liebe zu erhalten, und sie klammerte sich krampfhaft an alle Männer, denen sie begegnete. Irgendwie erwartete sie, daß diese Männer ihr Ich und ihr schwaches Selbstgefühl stützten und sie ergänzten, sie verstärkten. Eine Eigenständigkeit dieser Männer duldete sie nicht, und es dürfte kein Zufall sein, daß einer vor ihr in ein fremdes Land floh. Im Zusammenleben mit dem Akademiker, von dem sie ein Kind hat, war sie offenbar an eine Grenzsituation geraten. Nochmals hatte sie versucht, ihr schwaches Ich und ihr Selbstgefühl zu stützen und, in narzißtischer Kollusion, einen Mann voll und ganz zur Verfügung zu haben, doch sie sah, daß er mindestens ein Stück Freiheit für sich behalten wollte. Als sie die damit begrenzten Möglichkeiten der Domination voller Mißtrauen erkannte, wurde er vom guten zum bösen Objekt, und sie stach auf ihn ein.

Bei extrem in ihrer Objekt- und in ihrer Selbstrepräsentanz Gestörten besteht, wie bei der eben angeführten Frau, die Gefahr, daß sie, bei ihrem schwachen Ich, in eine schwerste Mißtrauenseinstellung ihren nahen Menschen gegenüber hineingeraten und schließlich an eine Toleranzgrenze kommen, wenn sie ihren totalen Anspruch auf ihre Lebenspartner oder auf ihre sonstigen nahen Bezugspersonen nicht verwirklichen können. Diese Menschen können dann etwa nicht nur für sich, sondern auch für ihre Umgebung gefährlich werden.

In diesem Zusammenhang müssen wir uns auch fragen, ob der erweiterte Suizid von schwer, meist endogenen Depressiven nicht auf einer ähnlichen Dynamik beruht. Diese Kranken sind in ihrer Depression meist völlig narzißtisch entleert, haben kein Selbstwerterleben mehr, und auch ihr Ich ist, weil es narzißtisch nicht mehr besetzt ist, schwach geworden. Sie klammern sich an nahe Bezugspersonen an, versuchen sie beinahe «aufzufressen», wie wir es in unserem Kapitel «Der Hunger bei Depressiven und Süchtigen» zu zeichnen versucht haben. In ihrer pessimistischen Sicht erleben sie nicht nur sich, sondern auch ihren Lebenspartner oder sogar ihre Kinder dem Untergang geweiht. Die düsteren Vorstellungen ihres Unbewußten dehnen sie auf die Objekte aus, wie immer diese auch geartet sein mögen, und beschließen solche Menschen, aus dem Leben zu scheiden, so nehmen sie nahe Bezugspersonen mit.

So war es bei einem 45jährigen höheren kaufmännischen Angestellten einer großen Firma der Fall, der über ein Jahr lang psychiatrisch behandelt worden war. Er klagte über Antriebs- und Kontaktarmut, Schlaflosigkeit, berichtete aber auch, daß er seine üblichen Leistungen zustande bringe. Er erhielt durch den behandelnden Psychiater Clomipramin, 50 mg morgens, 50 mg mittags, zusätzlich zu dem ihm bereits verordneten Trimeprimin, 50 mg abends, und einem Benzodiazepin-Derivat, mit dem der Schlaf gefördert werden sollte. Acht Tage nach Beginn der Therapie hat sich der Patient früh morgens erschossen, nachdem er zuvor seiner Ehefrau eine Kugel durch den Kopf gejagt hatte. Die beiden noch jugendlichen Töchter waren restlos erschüttert. Die Handlung ihres Vaters war für sie unfaßbar. Sie berichteten, daß er von jeher wenig mitteilsam, aber auch hartherzig gewesen sei. In den Tagen vor dem Tod sei er zunehmend verschlossen geworden.

Bei diesem Manne hatte sich offenbar ergeben, daß er in seiner depressionsbedingten narzißtischen Entleerung seine Frau, das ihm nächste Objekt, nicht mehr als unabhängig von ihm sehen – oder ertragen – konnte, und, als er – durch das Antidepressivum dazu wieder genügend Energie besitzend – den Entschluß faßte, sich den Tod zu geben, mußte er sich offenbar vorher davon überzeugen, daß auch das Leben seiner Partnerin beendet war.

Man wird sich natürlich fragen, ob Menschen, wie die ersten vier Beispiele sie darstellen, die zu solchen Taten fähig sind, infolge ihrer Ich-Schwäche, nicht von vorneherein ungenügend in der Lage waren, ihnen in ihrer Kindheit dargebrachte Liebe, Wärme und Stimulation zu empfinden, eine Selbst- und eine Objektrepräsentanz, d. h. eine wahre Vorstellung von sich selbst und vom Mitmenschen zu entwickeln. Wir werden dazu kommen feststellen zu müssen, daß wohl eine gewisse anlagemäßige, genetische Komponente mitspielte, wie die angeführten auffälligen, lieblosen oder gefühlskalten Charaktere der Vorgeneration andeuten, doch dürfte das karge frühkindliche Milieu, wie es sich in den vier Beispielen ergibt, ein Weiteres dazu beigetragen haben, diese Menschen zu verunsichern und ihnen die Heranbildung einer adäquaten Objektrepräsentanz zu verunmöglichen. Kommen solche Individuen zum Psychiater, so darf er die mit dieser Dynamik verbundenen Gefahren nicht bagatellisieren. Er wird darauf achten müssen, daß solche Menschen, die eine restlose Kollusion (Willi, 1975) mit ihrem Partner anstreben, das Objekt auszulöschen trachten, wenn es nicht das ausführt, was sie, bzw. sich nicht so verhält, wie sie es erwarten.

Werden solche Individuen psychotherapeutisch betreut, so ist darauf zu achten, daß die angewandte Technik primär nicht eine klassisch psychoanalytische sein darf. Diese Menschen bedürfen initial einerseits einer immer wieder auf Bestätigung ausgerichteten, ermutigenden Psychotherapie, und andererseits müssen sie früh auf ihre irrealen Fusionsbestrebungen aufmerksam gemacht bzw. auf die Realität hingewiesen werden. Erst wenn sie nach langen Monaten oder Jahren regelmäßiger, am besten dreimal wöchentlich während einer Stunde erfolgender, analytisch orientierter Psychotherapie überzeugt werden können von der unzerstörbaren therapeutischen Präsenz, von einer Objektkonstanz in der äußeren Welt, wird die Technik allmählich auf eine zurückhaltende, interpretative Art abgeändert werden können. Dabei darf sich der Therapeut nicht überschätzen. Ist Gefahr im Verzug für nahe Mitmenschen, so wird sich auch heute noch, bei aller freiheitlichen Orientierung der modernen Psychiatrie, eine Hospitalisierung des (der) Betreffenden zur Überdauerung der Krisensituation aufdrängen.

Bei den Depressiven ist es indes, wie das fünfte Beispiel zeigt, nie leicht vorauszuahnen, bei wem eine solche totale Fusion mit dem Objekt eintreten kann, die verhängnisvoll werden könnte. Immerhin wird es bei diesen Patienten angezeigt sein, nach einer solchen Fusionsproblematik zu fahnden und, falls eine solche vorhanden ist, sie psychotherapeutisch – neben der Pharmakotherapie – durchzuarbeiten. Eine rechtzeitige Hospitalisierung solcher Kranken in Krisensituationen vermag das Fatale etwa abzuwenden. Wie im angeführten Beispiel vollziehen sich solche totalen Fusionstendenzen nicht selten im Stillen, so daß die Umgebung durch das Ereignis vollkommen überrascht und erschüttert wird.

In bezug auf die Zurechnungsfähigkeit, gemäß Art. 10 des Schweizerischen Strafgesetzbuches (StGB), der angeführten vier ersten Exploranden war zu erwägen, daß sie, bei ihrer mindestens durchschnittlichen Intelligenz, sicher imstande waren, das Unrecht ihrer Tat einzusehen. Doch waren sie, entsprechend ihrem totalen Fusionsanspruch nur reduziert in der Lage, dieser Einsicht gemäß zu handeln. Wir sprechen deshalb in der Regel bei solchen Exploranden von einer in mittlerem bis erheblichem Maße reduzierten Zurechnungsfähigkeit. Da ein normal intelligenter Mensch seine Fusionstendenzen – wenn auch nicht die dahinterliegenden unbewußten Gründe – aus seinem bisherigen Leben kennen sollte, können wir ihn nicht als voll unzurechnungsfähig betrachten. Die Prognose ist bei diesen Menschen meist nicht als günstig zu stellen, weil man auch in Zukunft kaum eine Milderung ihrer Fusionsansprüche erwarten kann, es sei denn, eine allfällig schon im Strafvollzug beginnende, langwierige, analytisch und psychagogisch orientierte Psychotherapie bringe Erfolg. Oft wollen diese Menschen, bei denen es zu einer solchen Tat gekommen ist, nicht gemäß Art. 43 StGB in eine Heil- und Pflegeanstalt eingewiesen oder allenfalls verwahrt werden. Sie möchten, wenn überhaupt, in den üblichen Strafvollzug. Dabei fällt allerdings oft auf, wie wenig wirklich reuig sie sind. Ihr Über-Ich scheint unreif, wenig verantwortungsbewußt oder aber grausam-archaisch, wie Rauch-

FLEISCH (1981) es für Dissoziale beschrieben hat, so daß es nicht als regulierend erlebt wird, sondern vielmehr als eine verbietende Instanz, die sich mehr mit der Umgebung als mit ihnen selbst identifiziert, so daß ihnen als einziger Ausweg erscheint, sie impulsiv zu überspielen bzw. sie zu korrumpieren.

Der Hunger des Diabeteskranken

Beim Menschen, der an einer Zuckerkrankheit leidet, ist, wie bekannt, anlagemäßig eine Prädisposition vorhanden. Es besteht bei Manifestationsbeginn des Diabetes eine Gefährdung in der Hinsicht, daß der Stoffwechsel immer mehr demjenigen des Hungers ähnelt. Der Diabetes mellitus stellt in dieser Sicht eine Hungerkrankheit dar. Die diabetische Azidose gleicht in mancher Hinsicht der Hungerazidose und ist Ausdruck des Körpers dafür, daß er die Nahrung nicht zu assimilieren vermag. Der Diabetiker, der um seine Ernährung bangt und sich entsprechend ängstigt, spürt zutiefst, daß er trotz gierigem Bemühen, sich Nahrungsmittel zuzuführen, irgendwie zu kurz kommt. Der beeinträchtigte Zuckerstoffwechsel bedingt es, daß – ohne therapeutische Intervention, z. B. ohne Insulin – insbesondere die Kohlenhydrate, die aufgenommen werden, nicht oder nicht angemessen verarbeitet werden können.

> Ein 60jähriger Arzt, der zu mir in Behandlung kam und an und für sich keine große Nahrungsmenge aufnahm, berichtete darüber, daß bei ihm ein Diabetes mellitus entdeckt worden sei. Von jeher habe er gerne Nudeln und andere Mehlspeisen gegessen. Er wisse zwar, daß er nun das Quantum dieser Art Nahrungsmittel bei seiner Verpflegung reduzieren müsse, doch verspüre er ein unbändiges Gelüste speziell nach diesen Speisen, so daß er sich dann «gezwungen» sehe, sich ein solches Gericht zubereiten zu lassen oder selbst herzurichten. Es war bei diesem Manne nicht so, daß ihm verbotene Speisen am besten schmeckten, denn er hatte ja schließlich diese Gerichte schon vorher gern. Doch spürte er offenbar beinahe körperlich, daß er die Kohlenhydrate nicht richtig zu verarbeiten vermochte, so daß er vielleicht gerade deshalb die ihm nicht zukommenden Speisen gierig, unersättlich, hungrig aß, während er sonst weder einen besonderen Appetit noch einen großen Hunger hatte.

Wir kennen indes auch Diabeteskranke mit einer erworbenen Abneigung gegen Süßes, wobei unklar bleibt, ob dieser Umstand die direkte Folge der Hungerkrankheit oder der einschneidenden Diätvorschriften darstellt, die ihrerseits einen Objektentzug bedeuten.

Alexander (1950) hat seinerzeit in Untersuchungen am Chicagoer Institut für Psychoanalyse an Diabetikern festgestellt, daß der Diabeteskranke irgendeinen mit dem Nahrungserwerb in engem Zusammenhang stehenden Grundkonflikt mit sich trägt, und daß dieser Konflikt sich in übersteigerten oral-aggressiven, einverleibenden Tendenzen widerspiegele. Luban-Plozza und Pöldinger (1971) sprechen gar von einer Gleichsetzung von Essen und Liebe durch den Diabetiker, wobei sich daraus dessen steter Hunger ergebe. Wir können heute nicht sicher sagen, ob diese Theorien zutreffen, zumal jugendliche Diabetiker in keiner Weise diesem – hungrigen – Einverleibungstypus entsprechen und in der Regel nicht zuviel Nahrung zu sich nehmen. Allerdings sagt Alexander (1950) weiter: «Diese Einverleibungsantriebe manifestieren sich auf ganz verschiedene Weise. So kann es zu einer Neigung, Nahrung zu verweigern mit anschließend gesteigertem Nahrungsbedürfnis kommen. Dieses Bedürfnis kann in einem unstillbaren Nahrungsverlangen zum Ausdruck kommen, in dem Wunsch, ernährt zu werden, und in exzessiven Forderungen nach rezeptiven Befriedigungen in den zwischenmenschlichen Beziehungen. Die Einverleibungsimpulse manifestieren sich auch in einer Übersteigerung der Mutteridentifizierung, so daß es als Folge davon auch zu einer Schädigung der psychosexuellen Entwicklung kommen kann.» Obschon uns diese Interpretationen reichlich konstruiert vorkommen, ist zu sagen, daß Alexander (1950) und seine Chicagoer Gruppe offenbar doch auch Diabetiker beobachtet haben, die wenig Nahrung zu sich nehmen, denen die Speisen sogar widerstehen, die also offenbar keinen Hunger und keinen Appetit verspüren. Allerdings kann dieses Gebaren, wie erwähnt, auch als Folge der Diätvorschriften interpretiert werden, die einen Hungerkranken – durch den damit verbundenen Objektentzug bzw. Objektverlust – besonders irritieren. Gfeller und Assal (1979) haben auf depressive Zustände als Reaktionen nach der Feststellung des Diabetes und die damit verbundene Notwendigkeit der Trauerarbeit für die Betroffenen aufmerksam gemacht. Das

Sättigungsgefühl wird beim Diabetiker im übrigen auch mitbeeinflußt durch die Stoffwechsellage, wie uns ein Arzt, der selbst an einem Insulin-abhängigen Diabetes leidet, bestätigte.

Auf die Bedeutung einer Störung des Endorphinsystems bzw. der endogenen Opiate zumindest bei einer Untergruppe von Insulin-unabhängigen Diabetikern weist die Tatsache hin, daß bei ihnen Enkephalin (zum Endorphin-System gehörig) nach kombinierter Chlorpropamide (orales Antidiabetikum)/Alkohol-Einnahme in signifikant stärkerem Maß ausgeschüttet wird als bei Gesunden, die dieselbe Kombination einnehmen (MEDBAK et al., 1981).

Magen-Darmstörungen als Ausdruck einer Hungerkrankheit

Bereits ALEXANDER (1950) stellte fest, daß die Bedeutung emotionaler Faktoren bei der Verursachung von Magen-Darmstörungen sehr wesentlich ist. Beim Kleinkind sehen wir, daß mangelnde Mundbefriedigung* und damit zusammenhängender Hunger zu einem Unlustgefühl und zum Schreien führt. Das Kind versucht unbewußt, mit seiner Lautgebung die Mutter oder eine Ersatzperson zur Ernährung zu motivieren. Bleibt es ungestillt, so wird es hungrig sein. Ob ein Kind an der Mutterbrust gestillt wird oder nicht, ist vielleicht für den Nahrungsvorgang weniger wichtig als die Wärme, die ihm an der Mutterbrust vermittelt werden kann. Die mütterliche Nahrung als solche kann ohne weiteres durch künstliche Produkte ersetzt werden, niemals aber der Kontakt des kindlichen Mundes mit der mütterlichen Brustwarze und mit der mütterlichen Haut. Doch kann ein Säugling, der künstlich ernährt werden muß, weil die Muttermilch fehlt, ebenso an die Mutterbrust gedrückt, ebenso «geherzt» werden. Entscheidend ist nicht die aufgenommene physikalische Nahrung, ausschlaggebend ist die erhaltene Wärme und Stimulation durch die Berührung der mütterlichen Haut. Wir dürfen einer Mutter keine Schuldgefühle einflößen, wenn sie das Kind nicht zu stillen vermag, und müssen ihr Wege aufzeigen, wie sie eine entsprechende Gefühlszuwendung durch «herzen» des Säuglings – indem sie ihn an ihre mütterliche Brust drückt – zu vermitteln vermag. Sicher benötigt das Kind auch mütterliche Nahrung. Die Füllung des Magens allein schon führt zu einem Lustgefühl, und wenn sie ihm versagt wird, kommt es zu jenem zuerst fordernden und dann unglücklichen Schreien, das uns anzeigt, daß das Kind unbedingt der Nahrung bedarf. Auf die Länge zeigt sich aber, daß das Kind, auch bei bester Pflege und Ernährung, nicht zu

* Wie GRINKER (1953) feststellt, dient die Oralität auch dem perzeptorischen Gewinnen von Gestalteindrücken und damit zum Prüfen von äußeren Objekten und zur inneren Lustbefriedigung.

gedeihen vermag, wenn es nicht genügend emotionale «Nahrung» erfährt. Die SPITZschen (1965, 1967/1974) Beobachtungen in einem Findelhaus an 91 Säuglingen, die von Pflegepersonen betreut wurden, von denen jede für mehr als 10 Kinder zu sorgen hatte, beweisen, wie wichtig die Gefühlszuwendung im Säuglingsalter ist. Von 91 beobachteten Kleinkindern starben im Verlaufe von zwei Jahren bekanntlich 34 oder 37%, und zwar obschon sie körperlich genügend ernährt worden waren. Der Mensch lebt nicht allein von der substanziellen Nahrung, sondern noch mehr von der warmen Liebe. Ohne wärmende Zuwendung kann sich das kleine Menschenkind nicht entwickeln. Erfährt es keine solche emotionale Teilnahme, so wird es zeitlebens danach trachten, sich eine solche gefühlsmäßige «Nahrung» einzuverleiben. Muß, bildlich gesprochen, ein Kind ständig «leer schlucken», so wird es immer unter emotionalem Hunger leiden.

Eine 28jährige Frau, die in einem kultivierten Milieu des nahen Auslandes zusammen mit ihren drei Geschwistern aufwuchs, fühlte sich in ihrer frühesten Kindheit, vor allem durch die Mutter, vollkommen vernachlässigt. Sie mußte es damals immer erleben, daß deren geistige Interessen der Kindererziehung vorangingen. Sie hatte sich mit Kinderfrauen zu bescheiden, die einmal weniger, einmal mehr geeignet waren, für sie zu schauen, ihr doch nie genügend emotionale Wärme gaben. Seit Kindheit verspürte sie zeitweilig Schmerzen im Oberbauch, die sie als Magenschmerzen identifizierte, besonders dann, wenn sie gefühlsmäßig belastende Erlebnisse nicht zu verarbeiten vermochte. Es waren ihr die Probleme wenig bewußt, sondern vorwiegend nur der körperliche Schmerz. Sie vermochte in diesen Zeiten auch keinen Hunger zu erleben und nahm dann zu wenig Nahrung zu sich. Ihr Hunger nach emotionaler Zuwendung zeigte sich in ihrer Beziehung zu Mann und Kindern. Mit ihnen ging sie eine mehr oder weniger totale Fusion in ihrer Phantasie ein. Hatte sie keinen Hunger, glaubte sie, daß auch ihre Angehörigen nichts essen mochten. Vielleicht ist es so erklärlich, daß sie trotz ihrem ausgesprochenen emotionalen Hunger oder gerade deswegen nichts aß. Ihr «Hunger» wurde tatsächlich durch ihren gefühlsmäßig sehr teilnehmenden Mann gestillt.

Die Patientin wußte, wie erwähnt, und wie es Sifneos (1973) für psychosomatisch Beeinträchtigte als typisch beschrieben hat, wenig von ihren Frustrationsgefühlen. Sie konnte ihre emotionalen Erfahrungen im Sinne der Alexithymie («Nicht-Lesen-Können» der Gefühle) nicht erleben. Daß ihre psychosomatischen Beschwerden sich gerade auf den Magen bezogen, dürfte kein Zufall sein. Zwar werden wir uns fragen müssen, ob nicht andere Hungerkranke ganz unterschiedliche Symptome, die ein anderes Organsystem betreffen, aufweisen. Wir können bis heute noch keine direkte Korrelation von einer Psychodynamik auf ein bestimmtes Organsystem feststellen. Es kommen sicher noch prädispositionelle Faktoren dazu, doch ist gewiß, daß, wie Luban-Plozza und Pöldinger (1971) feststellen, «die Problematik der Sicherung und Geborgenheit des Menschen» eine erhebliche Bedeutung bei der Entstehung von Magen-Darmstörungen aufweisen. Es fragt sich in diesem Zusammenhang sogar, inwieweit nicht auch Extremformen körperlicher Erkrankungen, wie sie Magen-Darm-Karzinome darstellen, mit einer grundlegenden Entsicherung, einer totalen Verunsicherung durch eine neuauftretende, als unlösbar erlebte Umweltssituation entstehen können. Wir hören immer wieder von Krebskranken, daß ihr Leiden im Anschluß an eine existentiell verunsichernde und oft kränkende, vernichtigende Erfahrung aufgetreten sei.

Bei der den Magen oder das Duodenum betreffenden Ulkuskrankheit können wir, wie Luban-Plozza und Pöldinger (1971) zu Recht betonen, meist eine gestörte Erlebnisverarbeitung erkennen, wobei wir sowohl die psychologische Beeinträchtigung als auch das körperliche Syndrom als Ausdruck einer Hungerkrankheit verstehen. Dementsprechend ist es für den behandelnden Arzt wichtig, die emotionalen Zusammenhänge dieser Leiden zu erkennen.

Ein 17jähriger Schüler klagte unvermittelt über Schmerzen im mittleren und linken Oberbauch, die jeweils etwa fünf Stunden nach den Mahlzeiten aufträten. Nach Alkohol- und Kaffeegenuß kämen die Schmerzen jeweils rascher und verstärkt. Er stand dauernd in Behandlung bei einem Gastroenterologen, bis zu und während seiner ambulanten Behandlung in unserer Poliklinik in seinem 24.

Lebensjahr. Es war bereits, als er 17 Jahre alt war, im Röntgenbild ein Ulcus duodeni festgestellt worden.

Der Patient ist der Sohn eines Handwerkers, der aus dem Ausland kam, sehr tüchtig war, und, trotz kleinem Verdienst, sich ein Vermögen zusammensparte. Damals, als der Patient unter Schmerzen zu leiden begann, war der Vater aber bereits seit fünf Jahren psychisch leidend: er hatte Phasen einer manisch-depressiven Psychose durchgemacht und war, besonders in der Manie, sehr schwierig. Die Mutter, die aus dem gleichen Dorf wie der Vater stammt, ist ebenfalls eine Handwerkerin, fünf Jahre jünger als er, außerordentlich tüchtig. Sie trug wesentlich zum Familienvermögen bei. Es existiert noch ein um fünf Jahre jüngerer Bruder des Patienten.

Auf der einen Seite fühlte sich der Patient als «Wunschkind», auf der anderen Seite waren die Eltern sehr stark in ihren Beruf eingespannt, so daß er vom zweiten Lebensjahr an tagsüber in einer anderen Familie untergebracht war. Die Frau in der Pflegefamilie stammte ebenfalls aus dem Ausland. Sie hatte keine Kinder. Im allgemeinen soll sich der Patient dort wohl gefühlt haben. Doch seien ihm zwei Ereignisse in Erinnerung geblieben. Diese Frau habe den ganzen Morgen im Bett geschlafen, als er einmal vom Vater zu ihr gebracht worden und bei ihr tagsüber geblieben sei. Einmal habe er dringend auf den Topf gehen müssen, doch sei diese Frau nicht gekommen, um ihn darauf zu setzen. Am Schluß habe er den Urin ins Bett abgeben müssen. Er sei damals schon rein gewesen. Das Ereignis habe ihn gekränkt. Als zweites Ereignis sei ihm noch vor Augen, daß diese Frau ihn auf das Bett gelegt habe, in dem sie geschlafen habe. Er habe sich bewegt und sei auf dem Bett herumgesprungen, und sie habe ihn dann mit einem ihrer Füsse hinuntergeschoben. Er sei dabei gefallen. Dieses Ereignis habe er als große Ungerechtigkeit erlebt, wiewohl er diese Frau immer zu entschuldigen versucht habe. Er habe dort keine Geborgenheit erfahren.

Im Kindergarten habe er sich durch eine Ordensschwester ungerecht behandelt gefühlt, und er habe sich nicht einfach so verhalten wollen, wie sie es angeordnet habe. Mit 14 oder 15 Jahren habe er reklamiert, daß die Eltern nur ans Arbeiten dächten. Zwischen dem 16. und dem 19.

Lebensjahr habe er eine Freundschaft mit einer um ein Jahr älteren Frau gehabt. Doch habe er – mit 24 Jahren – noch nie eine intime Beziehung mit einem Mädchen unterhalten. Es falle ihm auf, daß er ständig um Anerkennung ringe. Früher sei er überdurchschnittlich kränkbar gewesen. Durch die Eltern habe er wenig Anregungen und kaum Ermutigung erfahren. Die Krankheit des Vaters habe ihn belastet. Das Bild von seiner Mutter, die sehr tüchtig sei, dürfe er aber nicht vor Augen haben, wenn er eine Frau suche.

Der Patient studiert Jurisprudenz, und er gibt an, daß das Vorbild für seinen Beruf ein ihm bekannter Advokat sei. Wohl habe er nicht nur aus objektiv gegebenen Gründen, sondern vielleicht auch aus materiellen dieses Studium ergriffen.

Es fiel in der Psychotherapie auf, daß der Patient dem Gesprächspartner gegenüber Riesenerwartungen hegte. Irgendwie erwartete er «hungrig», vom anderen jenes Selbstvertrauen zu erhalten, das er nicht hatte. Er berichtete auch darüber, daß ein Bruder sehr erfolgreich seinen Handwerkerberuf erlerne, während er bei seinem Studium eine gewisse Mühe habe. Das Vorlizentiat habe er wiederholen müssen. Bei den Unterredungen mit dem Patienten entstand der Eindruck, wie wenn er im Gespräch, in dem er einige Zuwendung erhielt, dennoch «hungrig» geblieben wäre. Auch zeigte sich, daß er immer wieder die Eltern entschuldigte, für alle ihre Handlungen, selbst für ihre Fehlverhaltensweisen Entschuldigungen fand. Seine Augen ließen irgendwie erkennen, daß er gefühlsmäßig betroffen war. Es zeigte sich aber offensichtlich, daß er nur wenig imstande war, seine Gefühle zu erkennen und auszudrükken, wie es SIFNEOS (1973) beschrieben hat, als er über die Alexithymie der psychosomatisch Kranken, ihr Unvermögen, ihre Gefühle zu «lesen», zu erkennen, berichtete. Der Patient hegte offensichtlich riesige Erwartungen an ihm Begegnende, und er ging deshalb jeweils emotional beinahe leer aus, da sie ihm niemand zu erfüllen vermochte. Man könnte unter diesem Aspekt das festgestellte Ulcus – zumindest auch – als ein Resultat seiner Hungerkrankheit ansehen.

Menschen, die in dauernder Hungererwartung – die immer

orale Inkorporationstendenzen und narzißtische Fusionswünsche enthält – leben, haben kaum je die Chance, «gestillt», gesättigt zu werden. Dennoch oder gerade deshalb ist es verständlich, daß sie mehr als durchschnittlich Verdauungsfermente zu produzieren scheinen. Der amerikanische Autor MIRSKY (1958, 1961/1962) hat 2073 Rekruten in bezug auf das Magenferment Pepsinogen untersucht und bei ihnen eine normale Verteilung in bezug auf die Pepsinogenkonzentration im Blut festgestellt. Er wählte eine Gruppe von 63 Hypersekretoren aus 300 Männern (15%) mit den höchsten Pepsinogenwerten aus. Die Gruppe von Hyposekretoren bestand aus 57 von 179 Männern (9%) mit der niedrigsten Pepsinogenkonzentration. Nach einer gründlichen röntgenologischen Magen-Darm-Untersuchung und verschiedenen psychologischen Tests kamen die Männer in das Ausbildungsgelände. Alle, bis auf 13, wurden dann zwischen der achten und der sechzehnten Woche ihrer Grundausbildung psychologisch und röntgenologisch nachuntersucht. Die erste Röntgenuntersuchung bei Beginn der Rekrutenausbildung wies ein abgeheiltes Ulcus duodeni bei 3 und ein aktives Ulkus bei einem der 63 Männer mit gastrischer Hypersekretion nach. Die zweite Röntgenuntersuchung in der achten bis sechzehnten Woche ergab den Befund von aktivem Ulcus duodeni bei weiteren 5 Männern, die bei Beginn des Forschungsprojektes keine Zeichen einer gastrointestinalen Störung gezeigt hatten. Aber alle Individuen, die ein Ulcus duodeni gehabt oder inzwischen bekommen hatten, waren den 63 Männern mit hohen Serum-Pepsinogen-Werten zuzurechnen. Alle 9 Ulkus-Patienten gehörten zu der Gruppe der 15% mit der höchsten Blut-Pepsinogenkonzentration. Davon waren 8 in den obersten 5% vertreten.

Es zeigt sich, nach dieser – allerdings nicht unumstrittenen – Studie zu schließen, daß Individuen mit hoher Konzentration von Pepsinogen im Blut, im Vergleich zu Menschen, die weniger Pepsinogen im Blut aufweisen, erhöht ulkus-anfällig sind.

MIRSKY (1958, 1961/1962) unternahm eine weitere Studie, und zwar mit langer Laufzeit, an 1600 Kindern im Alter von einigen Monaten bis 16 Jahren sowie an 4460 erwachsenen Männern und Frauen aus verschiedenen sozioökonomischen Schichten. Von ihnen wurden die 2% mit der höchsten Pepsinogenkonzentration im Serum zu einer Gruppe von Hypersekretoren für spezielle Untersuchungen zusammengefaßt. Ebenso wurden die 2% mit den niedrigsten Werten zu einer Gruppe von Hyposekretoren zusammengestellt. Obwohl bei den uns vorliegenden Publikationen die Studie noch nicht abgeschlossen war, konnte der Autor schon feststellen, daß eine große Zahl vorher gesunder Hypersekretoren, die während mehrerer Jahre beobachtet worden waren, die typischen Symptome eines Ulcus duodeni entwickelt haben, was auch röntgenologisch festgestellt wurde. Im Gegensatz dazu hatte keines der Individuen aus der Hyposekretoren-Gruppe ein Ulcus duodeni bekommen. Unter den 2% der Kinder mit der höchsten Serum-Pepsinogenkonzentration entwickelten 10% ein Ulcus duodeni im Alter von 4–6 bzw. von 10–14 Jahren.

Die Befunde von Mirsky würden die Ansicht bestätigen, daß die Ulcus-ventriculi- und -duodeni-Patienten Hungerkranke sind. Was sie auch immer an emotionaler Zuwendung und materieller «Nahrung» erhielten, würde ihnen demnach nicht genügen. Die Ulkus-Kranken bleiben offenbar ungesättigt, weil sie oral mehr erwarten, als ihnen gegeben wird, oder/und als sie aufnehmen können. Sie würden damit den Kriterien von Individuen entsprechen, die auf oraler Stufe der Entwicklung fixiert bleiben.

Bei Alkoholabhängigen finden sich, wie Labhardt (1964) darlegt, nicht selten Ulcera ventriculi oder duodeni in der Vorgeschichte, d.h. also bevor sie übermäßig zu trinken begonnen haben. Labhardt weist darauf hin, daß deshalb das Ulkus nicht als die Folge der chronischen Alkoholeinnahme betrachtet werden könne. Ulcus ventriculi und/oder duodeni und Alkoholabhängigkeit sind offenbar beide die Folge ein und desselben Grundleidens. Im Zusammenhang mit meinen Ausführungen kann ich sagen, daß beide Symptome der zugrundeliegenden Hungerkrankheit darstellen.

Wie Melanie Klein (1935/1962) festhält, streben solche Individuen nach einem totalen Objekt, das sie vollkommen befriedigen könnte. Da es nie gelingen kann, diese Intention zu verwirklichen, werden sie ständig hungrig bleiben und dementsprechend wohl auch zuviel Pepsinogen sezernieren. Diese Suche nach dem totalen Objekt dürfte indes nicht nur aufgrund einer Suche nach – oraler – Inkorporation stattfinden, sondern wohl auch nach einem Objekt, mit dem eine Fusion, eine Symbiose möglich wäre. Diese Menschen dürften, wie das Beispiel unseres jungen Ulkus-Patienten zeigt, nicht nur oral Fixierte, sondern auch narzißtisch, in ihrem Selbstwerterleben Beeinträchtigte sein, die sich – unersättlich und damit vergeblich – bemühen, mittels einer Fusion mit anderen Menschen, sich zu verstärken. Auch in dieser narzißtischen Hinsicht müssen sie «hungrig» bleiben, da eine dauerhafte Fusion mit einem Objekt meist nicht möglich ist.

MIRSKY weist zu Recht darauf hin, daß, neben den von ihm angenommenen – und von ROTTER et al. (1979) mittels ihrer immunologischen Untersuchungen nachgewiesenen – genetischen Faktoren, zweifellos typische psychologische Konstellationen und soziale Gegebenheiten zur Ulkusentstehung beitrügen. In bezug auf die psychologischen Faktoren haben wir bereits auf den Umstand des unstillbaren «Hungers» dieser Menschen hingewiesen. Die damit von ihrer Umgebung Abhängigen versuchen, oft durch eine Überaktivität, ihre fusionären Abhängigkeitstendenzen zu kompensieren. ALEXANDER (1950) betrachtet als den Kernfaktor bei der Pathogenese der Ulcera ventriculi et duodeni die Versagung der anlehnungsbedürftigen, hilfesuchenden und Liebe fordernden Sehnsüchte.

Die sozialen Faktoren sind immer solche, bei denen diese im Grunde stetig Geborgenheit suchenden Menschen durch Außenweltsanforderungen besonders angespannt sind. Gerade in diesen Situationen, in denen diese Menschen in ihren Führungsansprüchen gefordert sind, melden sich ihre Wünsche, umsorgt zu werden. Diese Menschen, die sich mehr als andere nach Geborgenheit sehnen, scheinen ihre diesbezüglichen Tendenzen fliehen zu wollen. Doch kann man offenbar nicht «ungestraft» solche Wünsche, umhegt zu werden, vernachlässigen. Sie stammen aus frühen Vernachlässigungserlebnissen, aus denen heraus die Betroffenen unersättlich, «hungrig» nach einer stetig neuen Kompensation durch Liebesbezeugungen und das Entgegenbringen warmer Gefühle verlangen. Obschon oder vielleicht weil sich diese Menschen oft ihrer infantilen Wünsche nach Geborgenheit nicht oder nicht voll bewußt sind, wehren sie sich unbewußt dagegen durch ein besonders aktives Sich-behaupten-Wollen. Vielleicht müßte man generell sagen, daß jene, die in der Gesellschaft unermüdlich tätig sind und wirken, ihre hintergründigen, tiefen Wünsche nach Umhegung sowie ihre aus der Frustration dieser Strebungen erwachsende Depressivität dauernd fliehen. Dabei wollen sie sich – wohl unersättlich – jene Anerkennung holen, die sie ihre narzißtische Lücke endgültig vergessen lassen könnte. Ganz abgesehen davon, daß eine solche Kompensation narzißtischer Verkürztheit auch bei noch so viel Lob und anerkennenden Zeichen und Worten nicht möglich ist, würde mit dem Wegfallen narzißtischer Bedürftigkeit wohl auch eine Triebfeder für das stetige Schaffen und Schöpfen wegfallen.

Die Herz-Kreislauf-Erkrankungen unter dem Gesichtspunkt des behinderten Taten-Hungers

Wie ALEXANDER (1950/1971) betont hat, besteht heute kaum noch ein Zweifel an der Tatsache, daß emotionale Faktoren bei der Entstehung und Aufrechterhaltung der sogenannten essentiellen Hypertonie und bei den koronaren Erkrankungen eine bedeutsame Rolle spielen. In bezug auf die Entstehung von Koronarerkrankungen und Myokardinfarkten haben die Untersuchungen von FRIEDMAN und ROSENMAN (1974), in denen Typus A- und Typus B-Persönlichkeiten zur Unterscheidung von entsprechend Gefährdeten bzw. Nichtgefährdeten definiert wurden, weltweite Beachtung gefunden. Die beiden Autoren haben bei ihren Erhebungen Menschen gefunden, die in einem exzessiven und relativ chronischen Kampf stehen, eine unbeschränkte Anzahl von Dingen in ihrer Umgebung innerhalb der kürzesten Zeit, entgegen Widerfahrnissen oder gegenläufigen Anstrengungen von anderen Personen, zu erreichen versuchen. Diese Menschen (Typus A) befinden sich ständig in einem Emotions-/Aktionszirkel. Sie sind konstant damit beschäftigt, mehr und mehr in immer weniger Zeit auszuführen. Der Typus A-Mensch versucht, mit seinen Belastungen fertig zu werden und sie ständig zu überspringen. Wir könnten unter dem Aspekt unserer Ausführungen diese Menschen als ständig Hungrige kennzeichnen, die sich bemühen, sich immer mehr «einzuverleiben», und/oder stets die Anerkennung anderer zu finden. FRIEDMAN und ROSENMAN (1974) sehen das Typus A-Verhaltensmuster als typisch an für die heute bestehende Gesellschaft: Unsere Sozietät belohnt jene, welche mehr denken, leisten und tatkräftiger, aggressiver mit anderen Menschen in Kommunikation zu treten wünschen als die anderen. Dieser Umstand treibt die Typus A-Menschen zu diesem Verhalten noch mehr an. Dieser Typus A-Mensch sei robust, lebhaft, mutig, mit kräftigen Körperbewegungen, ein Mensch, der die Fäuste balle in einem gewöhnlichen Gespräch. Seine explosive, rasche Art zu sprechen einerseits sowie seine Ungeduld andererseits führten ihn zu der irritierenden Gewohnheit, Sätze für den anderen zu sprechen oder zu kondensieren. Etwa 10% der städtischen Bevölkerung sollen, nach diesen Autoren, ein extremes Typus A-Verhalten aufweisen. Sie hätten eine überdurchschnittliche Cholesterin-, Triglycerid- und Serum-B-Lipoprotein-Konzentration im Blut. Gebe man ihnen Adrenocorticotropes Hormon (ACTH), so sei die 17-Hydroxycorticosteroid-Konzentration in ihrem Urin geringer als bei den Menschen des Typus B, offenbar weil bei ihnen durch die dauernde Überbeanspruchung der Nebennierenrinde infolge überaktivitätsbedingter, permanenter erhöhter ACTH-Ausscheidung ständig 17-Hydroxycorticosteroide der Nebenniere mobilisiert werden, so daß sie dann nicht mehr zur Verfügung stünden. Seien sie gefordert, so sei ihre Nor-Adrenalin-Ausscheidung erhöht, während beim Typus B keine solchen Reaktionen erfolgten.

In einem Bericht (Rosenman et al., 1975/1976) über eine Katamnese von 8½ Jahren, die 3500 Männer zwischen 39 und 59 Jahren umfaßt, welche in 10 kalifornischen Firmen beschäftigt waren, wird festgehalten, daß es bei 257 der Angestellten während der Prospektivstudie zu einer klinisch festgestellten koronaren Herzkrankheit kam. Das Typus A-Verhalten war hoch signifikant korreliert mit den koronaren Herzkrankheiten ($p < 0{,}0001 - p < 0{,}003$). Nicht korreliert war das Typus A-Verhalten mit dem Alter, der Körperlänge, dem Körpergewicht, der Heredität, dem Zigarettenrauchen, dem Blutdruck sowie der Serum-Cholesterin- und der -Triglyceridkonzentration im Blut.

Friedman und Rosenman (1974) konnten also feststellen, daß der Typus A-Persönlichkeitstyp einen besonderen Risikofaktor darstellt, mehr als alle oder zumindest gleich wie die zur Diskussion stehenden Faktoren. Es ergab sich sogar, daß die Typus A-Persönlichkeiten ungefähr eine doppelte Häufigkeit von Myokardinfarkten und von Angina Pectoris aufweisen als die anderen. Friedman und Rosenman (1974) betonen, daß die Typus A-Individuen immer versuchen, ihre Herausforderungen zu lösen, wobei jedoch ein tiefes Gefühl der Unsicherheit vorhanden sei, welches sie dazu treibe, unrealistische Versuche zu unternehmen, in allen Situationen zu dominieren. Der geschilderte «Hunger» nach immer mehr Taten würde dementsprechend aus einer Selbstunsicherheit, aus einem narzißtischen Defizit heraus erfolgen. Unweigerlich müssen sie auf die Dauer ihren Körper überfordern, und vor allem wird es ihnen immer nur temporär gelingen, ihre innere Unsicherheit zu befrieden, obschon sie eine zunehmende Zahl von äußeren Erfolgen buchen können.

URSULA ENGELHARDT (1979) hat 52 Kinder (24 Jungen und 28 Mädchen) mit orthostatischen Kreislaufstörungen im Alter von 7 bis 15 Jahren und 51 Kinder einer Kontrollgruppe klinisch-psychiatrisch und testpsychologisch untersucht. Die Autorin hat festgestellt, daß die Kinder mit orthostatischen Kreislaufstörungen eine hohe leistungsbezogene Gesamtmotivation haben, bei der die Hoffnung auf Erfolg zwar nicht schwächer, die Furcht vor Mißerfolg jedoch erheblich stärker ausgeprägt ist als bei den Vergleichskindern.

HENRY und STEPHENS (1977) betonen, daß die Typus A-Persönlichkeiten weitgehend übereinstimmten mit den dominierenden Tieren in den Säugetiergesellschaften, die ständig herausgefordert seien, ihre Position vor Rivalen zu verteidigen. Der Typus A-Mensch hätte dann enge Beziehungen mit jenen Verhaltensmustern der Dominierenden, die in den Säugetiergesellschaften gefunden würden. Es wären also Menschen – oder im Säugetierbereich Tiere –, die mittels ihres Machthungers ihre Angst, in eine benachteiligte Position zu geraten, bekämpfen müssen. HENRY (1976) hat den Eindruck, daß das Gebaren von vorher isolierten Tieren in einem sozialen System parallel zu setzen sei mit dem Verhalten der Typus A-Individuen in der menschlichen Gesellschaft. Diese Tiere seien extrem aktiv, feindselig, agitiert. Obschon, wenn sie jung seien, ihr Plasma-Corticosteron normale Werte aufweise, zeigten sie, wenn sie älter werden, überdurchschnittliche Blutdruck- und Katecholaminwerte. Ein dominierender Affe oder eine dominierende Maus weisen eine niedrigere Reaktion des Adrenocorticotropen Hormons auf als ein subordiniertes Tier. Es fänden sich ähnliche Verhältnisse wie beim Typus A-Menschen. Der Typus B-Mensch habe indes keinen Sinn für Eile, sei immer geduldig, und er fühle sich nicht gezwungen, immer Leistungen zu vollbringen.

Überdenken wir das, was eben über den Typus A-Menschen bemerkt wurde, so können wir sagen, daß wohl an der Basis seines rastlosen Wirkens und seines unstillbaren Taten-hungers eine mehr oder weniger ausgeprägte narzißtische Beeinträchtigung steht. Besonders jene sind in unserer Gesellschaft zu Leistungen motiviert, die ihr mangelndes Selbstgefühl, ihre ungenügende Selbstgewißheit zu kompensieren streben. Viele prominente Wirtschaftsführer, Universitätslehrer, Militärs und nicht zuletzt Politiker dürften zu diesen Typus A-Persönlichkeiten gehören und mit ihrer Tätigkeit ihr narzißtisches Leeregefühl kompensieren wollen. Vielleicht ist das auch der Grund, weshalb solche Persönlichkeiten kaum je genug an Anerkennung, an Macht erlangen können. Sie werden immer mehr oder weniger ungestillt bleiben und immer mehr wollen, bis sie an die Grenze dessen stoßen, was sie zu leisten vermögen oder aber bis sie an einem koronaren Leiden erkranken, oder bis sie für ihre Umgebung oder – im politischen Bereich – für ihr Volk untragbar werden.

Ein 48jähriger Geschäftsmann aus dem Ausland suchte mich auf, nachdem er bereits mit 40 Jahren einen Myokardinfarkt durchgemacht hatte, und nun, seit zwei Monaten, depressiv geworden war. Der Vater und der Bruder seien durch die Nationalsozialisten deportiert worden, und die Mutter sei, wohl aus Kummer, jung gestorben. Er habe aber noch bis zu seinem 19. Lebensjahr zusammen mit seiner Familie gelebt und sei dann von ihr getrennt und somit vor der Deportation in ein Konzentrationslager gerettet worden. Von Kind auf sei er sehr ehrgeizig gewesen, und er habe das Studium der Jurisprudenz an verschiedenen Universitäten bereits in seinem 23. Lebensjahr mit großem Erfolg beendet. Zuerst war er in seinem Land als Beamter tätig, und alsdann übernahm er jenes große Detailgeschäft, das sein Vater ehemals gegründet hatte. Er verheiratete sich in seinem 28. Lebensjahr mit einer um sechs Jahre älteren Frau. Die Ehe blieb kinderlos. Der Patient vergrößerte stetig sein Geschäftsunternehmen. Es war das bedeutendste in der Stadt, in der er wohnte. Als er mich konsultierte, stand ein neuer Bau, durch den er den Geschäftsbetrieb verdoppeln sollte, kurz vor der Vollendung. Der Patient litt immer wieder unter koronaren Beschwerden und blieb bei mir während vier Jahren in lockerer Behandlung. Die Depression konnte mittels analytisch orientierter Psychotherapie und Antidepressiva aufgehellt werden. Im vierten

Jahr seiner Therapie bei mir wurde in einer Koronarographie festgestellt, daß eine generalisierte Koronarsklerose bestehe. Der Patient wurde einer Bypaß-Operation unterzogen, und wie er mir telephonisch einige Monate später mitteilte, fühlte er sich danach besser, und er litt bedeutend weniger unter stenokardischen Beschwerden. Depressionen sind bei ihm keine mehr aufgetreten.

Wie es für das Typus A-Verhalten charakteristisch ist, versuchte dieser Mann, der – vielleicht auch als Folge der Deportation seines Vaters und seines Bruders – recht selbstunsicher war, seine berufliche Aktivität immer mehr auszudehnen, um sich selbst und den anderen seine Tüchtigkeit zu beweisen. Er konnte nie genug tun, mußte seinen Aktivitätsradius ständig ausdehnen, um vor sich bestehen zu können und jene Aufmerksamkeit von seiner – mütterlichen – Frau und der übrigen Umgebung zu erhalten, die er zu benötigen glaubte. Seine Aktivität genügte ihm kaum je, und er versuchte, sich durch immer mehr Leistungen seinen Selbstwert zu bestätigen. Daß er sich dabei übermäßig beanspruchte, wird nicht nur durch das Auftreten seiner Koronarsklerose ersichtlich, sondern auch durch das Auftreten seiner Depression, die ebenfalls seine Überbeanspruchung anzeigte. Die Depression ließ erkennen, daß er seine Riesenerwartungen an sich und die Umwelt nicht als befriedigt erlebte, und führte gleichzeitig dazu, daß er die ersehnte Beachtung – wenigstens im Rahmen der Krankheit – bekam.

Bei den Hypertonikern besteht, wie ALEXANDER (1950/1971) sagt, eine chronisch gehemmte Aggressivität, die stets mit Angst verbunden ist, welche zu einer Blutdrucksteigerung über eine Überaktivität des sympathischen Nervensystems mit erhöhtem Herzminutenvolumen, Vasokonstriktion sowie Freisetzung von Renin führt. Renin seinerseits hat die Umwandlung des Angiotensinogen in den blutdruckerhöhenden Stoff Angiotensin zur Folge. Obschon unter den Hochdruckkranken auch – insbesondere ältere – Patienten mit niedriger Reninkonzentration zu finden sind (BÜHLER et al., 1975), bleibt wohl die Tatsache bestehen, daß unter den Hypertonikern, die sich zwar aus ganz verschiedenen Persönlichkeitstypen zusammensetzen (PERINI et al., 1982), ein gemeinsames Charakteristikum zu beobachten ist: Ihre Unfähigkeit, ihre aggressiven Regungen frei zu äußern. Sie verhalten sich im allgemeinen sehr beherrscht, wagen sich meist nicht, dem Gesprächspartner zu widersprechen. Meist sind sie hintergründig sehr ehrgeizig, doch bedingt ihre nachgiebige Haltung viele Rückzieher, die sie wieder ärgern und noch mehr in ihrer Selbstachtung beeinträchtigen, die schon zuvor geschädigt war. Diese Hypertoniker entsprechen nicht dem Typus A-Menschen mit seiner Überaktivität und seiner Aggressivität, die er in Taten und äußeren Erfolg umsetzen kann. Sie entsprechen eher dem von FRIEDMAN und ROSENMAN (1974) gezeichneten Typus B-Menschen. Allerdings finden wir ausnahmsweise unter den Hypertonikern auch Individuen des Typus A, die erfolgreich wirken und ihr Tätigkeitsfeld immer mehr ausdehnen. Offenbar umfaßt bei diesen Menschen die Aggressivitätshemmung nicht alle Bereiche ihres Erlebens und ihres Verhaltens.

Ein 55jähriger ausländischer Arzt suchte mich auf. Es war auffallend, wie wenig er zu schildern vermochte, weshalb er eigentlich gekommen war. Er sagte lediglich, seine psychischen Probleme seien enorm. Zwei Jahre zuvor sei seine Gattin mit einem anderen Manne davongegangen. Er habe sich danach – mit seiner Frau – kurzzeitig zu einer psychologischen Testung begeben, doch lebe sie nach wie vor in einem Nachbardorf mit dem anderen zusammen. Er müsse seine drei Kinder von 12, 16 und 18 Jahren nun selbst und alleine erziehen und betreue daneben seine Arztpraxis. Seit einem Jahr pflege er eine Freundschaft zu einer 20 Jahre jüngeren Frau, die von ihrem ersten Mann geschieden sei und zwei Kinder habe. Es sei zur Debatte gestanden, daß diese Frau zu ihm ziehe mit ihren beiden Kindern von 12 und 14 Jahren. Bis jetzt sei davon abgesehen worden, weil seine Frau doch immer wieder ins Haus komme. Sein Vater sei 84jährig, ein pensionierter Staatsangestellter. Die Mutter sei vor einem Jahr gestorben. Bis in seinem 24. Lebensjahr sei er in Kriegsgefangenschaft gewesen. Er habe die Maturitätsprüfung nachholen müssen und dann das Studium innert der kürzest möglichen Zeit absolviert. Nach zwei Jahren Assistententätigkeit habe er eine Praxis eröffnet. Es seien immer mehr Patienten zu ihm gekommen, und er habe in seiner Praxis mehrere Räume, in denen er seine Kranken untersuchen könne. Er gehe von Zimmer zu Zimmer, um die Patienten zu betreuen, beinahe den ganzen Tag lang, und erledige daneben noch die Hausbesuche. Außerdem müsse er jeweils nach den Kindern sehen. – Ich hatte den Eindruck, daß der Patient in einem ständigen Kampf steht, um die ihm nach der Trennung von seiner Frau neu zufallenden Aufgaben und etwa andere neue Anforderungen, wie z. B. den bevorstehenden Scheidungsprozeß, allein und ohne aufzubegehren bewältigen zu können. Er versuchte nicht einmal, einen Anwalt für sich zu nehmen, sondern war darauf aus, auch noch diese Aufgabe in aller Stille zu bewältigen. Der Patient hatte eine Hypertonie von 220/110 mmHg, offenbar mindestens seit mehreren Monaten. Er wirkte nicht nur kolossal angespannt, verkrampft, aggressionsgehemmt, wortkarg, sondern auch hungrig in bezug auf Anerkennung, Wohlwollen, Aufmunterung, Bestätigung. Er sagte von seiner Kindheit, daß seine Mutter überbefürsorgend gewesen sei: «Ich war für die Mutter alles.» Er sei nun aber sehr verschlossen, habe seiner Frau wohl wenig emotionale Zuwendung zu geben vermögen. Sie habe sich dann «Freunde zugelegt». «Sie war auf der Suche nach mehr Liebe.» Der Patient, der nicht nur an einer Hypertonie, sondern auch an einem Asthma bronchiale seit mindestens zwei Jahren litt, erwies sich als schwer narzißtisch beeinträchtigt. Er suchte offenbar ständig jene Bestätigung, die er früh übermäßig erhalten hatte, konnte seine Selbstbedürftigkeit aber kaum verbal äußern. Er war primär verwöhnt, fügsam und dafür sekundär frustriert und aggressionsgehemmt. Seiner Frau konnte er wohl deshalb keine liebende Zuwendung geben, weil er mit ihr zu sehr nur eine Fusion gesucht, aber auch kaum je seine Gefühle für sie, die er doch empfand, gezeigt hatte.

Es war kein Zufall, daß dieser Mann an einer essentiellen Hypertonie erkrankt war. Er lebte, nach dem Wegzug seiner Frau, alleine mit den Kindern, vermochte kaum etwas über sie zu berichten. Der einzige, den er eigentlich farbig schildern konnte, war sein 84jähriger Vater, ein pensionierter Staatsbeamter. Der Patient besuchte ihn regelmäßig. Der Vater habe ihn seinerzeit, nach der Rückkehr aus dem Kriegsdienst, an die Kandare genommen und veranlaßt, daß er sein Studium, das er vor dem Krieg begonnen, wieder aufgenommen habe. Beinahe nebenbei berichtete der Patient auch darüber, daß er gelegentlich unter Asthmaanfällen leide, besonders dann, wenn er sich bedrängt fühle und sich nicht zu wehren vermöge. Seine Hypertonie besserte sich unter medikamentöser Behandlung, indem der Blutdruck auf 150/100 mmHg sank. Doch blieb der Patient gespannt, immer darauf aus, «Löcher zu stopfen», die sich in seiner Existenz auftaten, bzw. unvorhergesehene Situationen zu meistern, ohne je bewußt mit dem Schicksal zu hadern.

Dieser Patient versuchte, aller Situationen Herr zu werden und dabei seine berufliche Arbeit ungestört zu leisten. Er paßte sich immer an, suchte Anerkennung, schien sie aber nie zu erhalten. Er wirkte in seinem «Hunger» nach Zuwendung und emotionaler Ernährung sowie nach narzißtischer Fusion stets ungesättigt. – Er ist übrigens recht adipös –. In der Psychotherapie wartete er ständig darauf, vom Therapeuten etwas zu erhalten. Da er offenbar für ihn nicht genügend Zuwendung bekam, blieb er nach drei Konsultationen der Behandlung fern, wobei er auch das Honorar lange schuldig blieb.

Dieser Patient entsprach der durch ALEXANDER (1950/1971) geschilderten gehemmten Aggressivität der Hypertoniker. Er war zwar ambitiös in seinem beruflichen Denken, doch vermochte er seine Wünsche und Gefühle seiner Frau gegenüber weder zu zeigen, noch zu äußern. Auch paßte er sich an die immer schwieriger werdenden persönlichen Verhältnisse stets an, so daß er seiner Frau gegenüber, die ihn verlassen hatte, noch immer so tolerant war, daß sie, wann immer sie es auch wünschte, in das Haus kommen konnte, und er sich verpflichtet fühlte, seine Freundin nicht zu sich zu nehmen. Diese stetige Anpassung an die Umweltsanforderungen führte nicht nur zu einer äußerlich sichtbaren, muskulären Verkrampfung, sondern auch zu einer ständigen Mobilisierung seiner inneren Abwehrkräfte und, wohl damit zusammenhängend, zu einer Hypertonie. Es kennzeichnete sein Leben, daß er diesen inneren Kampf kaum wahrhaben wollte, überhaupt sehr wenig bewußt erlebte und daher auch wenig Aggressionen gegenüber der Außenwelt verspürte.

Die Hypertoniker sind also oft Menschen, die nicht etwa

wenig ehrgeizig wären, die aber ihre Ambitionen immer dann zurückstellen, wenn sie sich aggressiv durchsetzen sollten, und sie versuchen oder fühlen sich gezwungen, wenn immer nur möglich, sich den Anforderungen ihrer Bezugspersonen anzupassen. Es sind Menschen, die in ihrer frühen Kindheit entweder zu wenig Liebeserfahrung oder aber eine Überbehütung erlebt haben. Besonders bei Menschen, die sich, bei Überbehütung, immer ideal verhalten mußten, ein entsprechendes Ideal-Selbst entwickelt und die Entfaltung eines Real-Selbst vernachlässigt haben, ist später die aggressive Durchsetzung behindert, und zwar meist in einem solchen Maße, daß sie sich ungenügend zu verwirklichen vermögen und schon deshalb in innere Spannung und, über die erwähnten biochemischen Mechanismen, in eine Hypertonie hineingeraten.

Der emotionale Hunger bei Bedrohung des Lebens durch schwere Krankheit

Im Alltagsleben wehrt der Mensch seine Krankheitsanfälligkeit und Sterblichkeit meist ab. Er lebt, wie wenn er für die Ewigkeit wirken und bauen könnte. Diese Illusion des ewigen Teilhabenkönnens der Menschen an den (diesseitigen) sozialen Bezügen vermittelt ihm die Motivation zum ehrgeizigen Streben und Schaffen. Tritt aber ein schwerwiegendes, gefahrbringendes oder gar lebensbedrohliches Leiden an ihn heran, so drängen sich ihm Ängste auf. Solche Menschen werden – oft unvermittelt – mit der Tatsache konfrontiert, daß viele Möglichkeiten in ihnen noch ungelebt sind. Sie haben es – wie die Mehrzahl der Menschen – in ihrem bisherigen Leben versäumt, gewisse Bereiche ihrer Persönlichkeit zu entfalten, die grundlegend zu ihnen gehören. Beim Innewerden einer schwerwiegenden körperlichen Gefährdung wird ihnen offenbar, daß ihr Versäumnis wohl endgültig ist. Wie ELISABETH KÜBLER-ROSS (1973), HERZIG (1978) und andere Autoren festgestellt haben, neigen Menschen, die eben von ihrem schweren Kranksein erfahren haben, dazu, ihre körperliche Gefährdung zu leugnen. Sie wollen das Karzinom oder die anderweitige Erkrankung vorerst nicht wahrhaben und isolieren das Krankheitsgeschehen von ihrem Erleben, selbst wenn sie über die Natur des Leidens orientiert worden sind. In irgendeinem Bereich ihres Erlebens wissen sie aber gleichwohl, daß sie schwer betroffen sind, doch sie blenden ihr Kranksein noch weitgehend aus ihrem Bewußtsein aus. Dennoch oder gerade deshalb sind diese Individuen angewiesen auf den Kontakt mit einem Arzt, ja sie sind sogar oft geradezu «hungrig» nach einem ärztlichen Gespräch, nicht zuletzt auch deshalb, weil sie sonst niemanden wüßten, mit dem sie darüber sprechen könnten. Dieser Gesprächs-«Hunger» darf vom Arzt nicht ignoriert werden, da diese Menschen sonst unter ihrer gefühlsmäßigen Isolierung und ihrem zwar unbewußt abgewehrten, aber doch wahrgenommenen Wissen allzusehr leiden. Der Arzt wird diesen Menschen immer wieder zu Gesprächen zur Verfügung zu stehen haben, da sie meist nicht konstant auf der Verleugnungstendenz verharren und bald realistischer über ihre Krankheit und die damit verbundene Prognose sprechen wollen. In der ersten Phase, jener die ELISABETH KÜBLER-ROSS (1973) als das *Stadium der Verleugnung* bezeichnet hat, gehen sie jedoch etwa plötzlich wieder dazu über, sich der Wahrheit zu entziehen und Pläne für die Zukunft zu schmieden, die sie im vollen Bewußtsein ihrer schweren Erkrankung nicht entwerfen würden. Wer einen solchen Patienten in diesen Momenten hört, würde ihn nicht für einen Schwerkranken halten. Noch einmal regt sich der Lebenshunger dieser Menschen ganz gewaltig. Man gewinnt oft den Eindruck, daß sie den Arzt und die Natur beschwören möchten, die Krankheit von ihnen fernzuhalten. In diesen Momenten wird es offensichtlich, daß die FREUDsche Annahme (1920/1963) eines Todestriebes im Menschen kaum der Wirklichkeit entsprechen dürfte. Besonders diese Menschen, die dem Tode näher und ernster als andere ins Antlitz zu sehen haben, wünschen oft nichts sehnlicher, als weiterleben zu dürfen. Wenn es immer wieder vorkommt, daß sich Menschen, die von ihrer schweren körperlichen Bedrohung erfahren, umbringen, so will das nicht heißen, daß sie wirklich der Todestriebannahme entsprochen hätten. Meist ist es so, daß sich diese Menschen ein behindertes Leben oder ein gefährdetes Leben nicht vorstellen können, diese Bedrohung nicht ausstehen mögen oder können und deshalb Hand an sich legen. Es ist also nicht der Todestrieb, der sie dazu führt, sich zu suizidieren, sondern der Umstand, daß sie ihren Lebenstrieb (FREUD, 1920/1963) nicht voll und ganz auszuleben vermögen, der sie zum fatalen Entschluß bringt. Wohl sind auch sie von einem Lebenshunger beseelt, sie halten aber die Chancen, ihn weiterhin unbeschwert stillen zu können, für gering oder nicht gegeben.

Im Gespräch mit Patienten in der Verleugnungsphase wird der Arzt an einem Themenwechsel des Patienten etwa erkennen, daß sich der Kranke jetzt angenehmeren Vorstellungen hingeben möchte. Hoffnung, Lebenshunger, regt sich im Kranken. Nicht selten hören wir, daß ein solcher Mensch in diesen Augenblicken von einem gesunden Leben träumt. Dabei wissen wir Ärzte von Patienten, bei denen sich solche Zukunftsvorstellungen – wider alle Prognosen – doch noch verwirklicht haben. Das Nicht-wahrhaben-Wollen ist in der Regel nur eine passagere Phase. Es zeugt aber dafür, daß diese Individuen noch ganz auf das Leben ausgerichtet sind und einen Hunger nach weiterer Daseinserfahrung haben. Kranke, die ihr Leiden bis zum Tode leugnen, sind jedem Arzt bekannt. Sie sind aber die Ausnahme. Es sind Menschen, die in ihrem Leben nie die Realität ertrugen, da sie dazu nicht die notwendige Ich-Stärke hatten und wohl auch deshalb lebenshungrig geblieben sind, weil sie in ihrer Ich-Schwäche nicht genügend vom Leben erhalten haben. Es wäre verfehlt, ihnen die Wahrheit aufzwingen zu wollen, da sie wohl daran zerbrächen. Doch sind diese Kranken nicht so häufig, wie wir Ärzte es etwa wahrhaben möchten.

Die meisten Kranken bleiben nicht dauernd beim Verleugnen der Krankheit. Sie haben immer wieder einmal das Bedürfnis, mit einem Arzt in echten mitmenschlichen Kontakt zu kommen und über ihr Leiden wahrheitsgemäß zu sprechen. Sie sind hungrig nach jener menschlichen Partizipation, die sie sonst von niemandem zu erhalten vermögen. Deshalb ist es notwendig, daß wir Ärzte uns diesen Menschen stellen und sie entsprechend aufklären. Es sei hier das Beispiel einer Kranken aufgeführt, von der ich schon an anderer Stelle (BATTEGAY, 1979) geschrieben habe:

> Eine 42jährige Frau suchte uns auf, nachdem sie während Jahren depressiv gewesen war und ihre Krankheit, eine Lymphogranulomatose, emotional nicht hatte verarbeiten können. Sie befand sich in ihrem 20. Lebensjahr, als sie davon erfahren hatte. Damals war sie seit einem Jahr verheiratet, und sie hatte vor kurzem eine Tochter zur Welt gebracht. Die Patientin, die in ihrer frühesten Kindheit, zusammen mit ihren Eltern, aus ihrem Heimatland hatte fliehen müssen und 11jährig in die Schweiz gekommen war, konnte auf der Flucht, später in einer Pflegefamilie und dann bei den Eltern nie jene Liebe und Umsorgung erfahren, die sie notwendig gehabt hätte. Die Mutter verhielt sich lieblos-tyrannisch, der Vater gab sich mehr mit dem Geschäft als mit der Familie ab. Ihr Ehemann war 14 Jahre älter als sie, brachte für sie kein Verständnis auf. Als junge Mutter begann sie, einen Lymphknoten am Hals zu verspüren, und es ergab sich beim Arzt die Verdachtsdiagnose eines «Morbus Hodgkin». Die Patientin wurde jedoch

nicht informiert, und sie erblickte in einem Röntgeninstitut auf einem Blatt zufällig die Diagnose «Morbus Hodgkin». In einem Lexikon sah sie nach, was diese Krankheit bedeutet, und sie entdeckte damals, mit 20 Jahren, daß dieses Leiden eine infauste Prognose hatte. Die Patientin kam nach Hause und wollte ihr Problem mit dem Gatten besprechen. Er erwies sich als unzugänglich, und er wollte sie ihren Eltern übergeben. Die Verwirklichung dieser Absicht ließ sie nicht zu, und sie lebte fortan getrennt von ihm, zusammen mit ihrem Töchterchen. Sie war extrem schlafgestört, pflegte keine mitmenschlichen Kontakte mehr, wartete auf das Sterben. Doch Bestrahlungen führten zu einem günstigen therapeutischen Resultat. Rezidive konnten behoben werden, und schließlich blieb sie rückfallsfrei. In ihrem 42. Lebensjahr konnte sie es allein zu Hause nicht mehr aushalten. Ihre Tochter war damals 19 Jahre alt. Die beiden Frauen ertrugen sich in keiner Weise. Die Tochter erlebte die Patientin als zwangshaft-tyrannisch und litt selbst an mannigfaltigen Ängsten. Die Kranke, obschon sie halbtags bei einem Arzt arbeitete, erlebte sich derart in ihrer Kontaktfähigkeit gestört, daß sie in ihrer Wohnung nur noch auf Geräusche von Nachbarn achtete, um so wenigstens ihren Lebenshunger etwas stillen und einen gewissen Zugang zum Leben aufrechterhalten zu können. Der Arzt, der sie seit Jahren behandelte, nahm Anteil an ihrem Leiden, konnte sie aber aus ihrer Zentrierung auf sich selbst nicht herausholen. Die mangelnde Orientierung zu Beginn des Leidens hatte dazu geführt, daß die Patientin sich von allen Kommunikationen zurückzog, und erst, als sie es nicht mehr aushielt, kam sie, um psychotherapeutische Hilfe nachzusuchen. Die Psychotherapie, die einzeln und in Gruppen erfolgte, dauerte Jahre. Nur allmählich gelang es, sie wieder von der Krankheitszentrierung loszulösen. Ihr Lebenshunger ließ sich wieder erkennen, und sie begann, Schritt für Schritt, wieder mitmenschliche Beziehungen aufzunehmen.

Es zeigt sich an diesem Beispiel, wie wichtig die sachgemäße Orientierung eines Patienten ist. Diese Kranke hatte nicht, wie es oft der Fall war, ihr Leiden verleugnet. Die – zufällig erspähte – Diagnose wertete sie aber als Todesstempel, und sie zog sich mehr oder weniger völlig von der Realität zurück. Ihr Lebenshunger machte sich nur darin geltend, daß sie auf alle Geräusche in der Nachbarschaft achtete. Erst mittels einer Psychotherapie gelang es ihr, ihren Hunger nach dem Leben auf Mitmenschen auszurichten.

Aber auch dann, wenn die Patienten das Leiden vorerst nicht wahrhaben wollen, werden sie mit dessen Progredienz damit konfrontiert. Es erfolgt dann ein *Zustand, in dem die Kranken vom Zorn gepackt werden.* In seinem Buch «Mars» hat FRITZ ZORN (1977) – der Name entspricht einem Pseudonym – beredtes Zeugnis davon abgelegt, wie sehr der Groll gegen die Krankheit und gegen seine Eltern ihn packte, nachdem er von seiner schweren Krankheit erfahren und es zutiefst erlebt hatte, wie ungelebt sein Leben noch war, wie sehr er noch einen Lebenshunger verspürte.

Die Patienten wehren sich gegen das Fatale ihre Schicksals und können etwa fragen, weshalb gerade sie von diesem schweren Los befallen seien. In dieser Phase haben es die Familien, die Ärzte und allenfalls das Pflegepersonal schwer, mit den Kranken in Kontakt zu treten. Der Patient wird sagen, daß die Ärzte nichts taugen, ihn wegen Fehldiagnosen so gefährdet hätten. Die pflegenden Schwestern können diesen Patienten nichts mehr recht machen. Auch die Familie hat es in dieser Phase sehr schwer. Die Patienten richten ihre Wut gegen ihre Angehörigen, wenn sie von ihnen besucht werden. Am Arzt ist es, sich auch in dieser Phase zu Gesprächen zu stellen, sich durch die Aggressionen des Patienten nicht beirren zu lassen. Es ist wichtig, daß der Patient eine ärztliche Standfestigkeit erlebt. Er muß den Eindruck gewinnen, daß nichts den Arzt erschüttern kann und ebenso nichts die fürsorgliche Pflege der Schwestern.

In einer dritten Phase (KÜBLER-ROSS, 1973) *versucht der Patient zu feilschen,* zu verhandeln, und er hofft, Gelegenheit zu erhalten, noch mindestens eine gewisse Zeit leben zu dürfen. Diese Menschen denken an unerfüllte Aufgaben, machen sich Sorgen wegen ihrer Lebenspartner, minderjähriger Kinder, studieren an beruflich Unerfülltem herum, denken an Bereiche in ihnen, die noch ungelebt sind, an ihren Lebenshunger. Religiöse Bedürfnisse wachen auf, die bisher noch ungestillt geblieben sind. Gewisse Ereignisse, die sich abzeichnen, möchten sie noch mitmachen, z.B. wenigstens noch an der Hochzeit eines ihrer Kinder teilnehmen, bevor sie sterben. Der Arzt sollte zur Erfüllung dieser Wünsche magische Machtmittel besitzen, und es ist wichtig, daß er sich diesen Patienten in dieser Phase stellt. Auf der einen Seite wird er sie nicht enttäuschen wollen, auf der anderen Seite aber wird er mit den Patienten offene Gespräche führen müssen. Vor allem wird er den Betroffenen zu zeigen haben, daß er für sie da und auch bereit ist, sofern der Kranke es wünscht, mit seinen Angehörigen zu sprechen und ihnen beizustehen.

Werden neue Operationen, Noteingriffe nötig, wird damit ein erneuter Spitalaufenthalt notwendig, kann in der Regel auch jener Kranke, der vorher mit allen ihm zur Verfügung stehenden Kräften – aus Lebenshunger und Angst vor dem Tode – sein Leiden verleugnete, es nicht mehr aus seinem Bewußtsein verdrängen. Das Gefühl, sich selber und den Angehörigen eine Last zu werden, beginnt in dem Kranken hochzukommen. Schuldgefühle kommen dem Patienten, wenn er erkennt, daß sein Lebenspartner unter seinem Siechtum leidet. Die Tatsache ist nicht mehr zu leugnen, daß das Ende des Daseins immanent ist. Der Patient möchte noch einmal Buch führen über das, was er in seinem Leben vollbracht, aber auch über das, was er – vielleicht vor lauter gierigem Lebenshunger – nicht zustande gebracht hat. In dieser *Phase der depressiven Resignation* können wir nicht einfach dem Patienten sagen, daß er nicht so sehr traurigen Gedanken nachgehen solle. Der Kranke würde zurecht vermuten, daß wir selbst es sind, die seine Depressivität nicht ertragen. Wir müssen es als Ärzte auf uns nehmen, daß der Patient von seinen traurigen Gedanken berichtet. Er muß das Recht haben zu trauern. Der Kranke ist im Begriff, alle Beziehungen zu verlieren, sich von allen Objekten und Tätigkeiten, die er geliebt hat, trennen zu müssen. Wir werden ihm Gelegenheit geben, seinen Schmerz auszudrücken. In diesem Stadium der Depression werden wir mit und bei ihm bleiben wollen, ohne zu sagen, daß er nicht traurig sein soll. Dabei müssen wir uns bewußt sein, daß sich jeder Mensch in diesem schweren Leiden, im Zugehen auf den Tod, bis zu einem gewissen Grade allein fühlen muß, denn letztlich kann niemand mit ihm voll und ganz diesen letzten Weg gehen. Auch in diesem Stadium ist es wichtig, daß wir Ärzte uns nicht nur um den Patienten, sondern, wenn der Kranke es uns gestattet, um seine Angehörigen kümmern. Oft ertragen es die Ehegatten, die Eltern oder Kinder solcher Menschen nicht, daß die Kranken bedrückt sind und den Kopf hängen lassen. Wir müssen den Verwandten und Zugehörigen klar machen, daß diese Depression verständlich ist, wenn man bedenkt, daß dieser Mensch mit der Tatsache konfrontiert ist, bald Abschied von allem nehmen zu müssen. Trauer und Verzweiflung sind zwar schwer erträglich, doch bleiben sie in diesen Momenten nur wenigen erspart. Gelingt es der Familie, den Prozeß der Trauerarbeit mitzuvollziehen, wird sie dem Kranken Unbill ersparen. Er wird sich angenommen fühlen, in und mit seinem Leid, nicht den Eindruck gewinnen, daß er nur in guten und freudigen Tagen akzeptiert war. Zum menschlichen Leben gehört in ganz entscheidendem Maß auch das Depressive. Nur dann wird ein auf den Tod Kranker den Eindruck zumindest einer gewissen Gemeinsamkeit haben, wenn die Angehörigen seine Trauer akzeptieren. Besonders wir Ärzte dürfen nicht in einen Abwehroptimismus hineingeraten, unsere Aufgabe als Begleiter in den Zeiten schwerster Not nicht fliehen.

Es ist jene Zeit, in der Patienten mit dem Arzt tiefste Wahrheiten austauschen können. Es ist aber auch jener Abschnitt, während dessen die Familie, wird sie durch den Arzt entsprechend orientiert, zum Patienten finden kann. Ist der Kranke über die Art seines Leidens orientiert, vermag eine offenere Beziehung zu seinem Ehepartner, zu seinen Kindern, zu seinen Eltern zu entstehen, als wenn bis zum Schluß Fiktionen aufrecht erhalten werden müssen.

In einem weiteren Abschnitt, jenem der *Annahme,* wenn der Kranke diese Zeit überhaupt noch erlebt und er seine Gefühle mit seinem Arzt und seinen Familienmitgliedern aussprechen konnte, hadert er meist nicht mehr mit dem «Schicksal». Er ist nicht mehr niedergeschlagen oder zornig, fühlt sich müde, schwach und hat das Bedürfnis, in kurzen Intervallen zu dösen oder zu schlafen. Es besteht der Wunsch, die Zeit des Schlafes möge ausgedehnt werden. Wie Frau KÜBLER-ROSS (1973) feststellt, benötigt in dieser Periode die Familie meist mehr Hilfe als der Patient. Der Kranke hat einen gewissen Grad von Einverständnis in das Unvermeidliche erreicht. Seine Welt verengt sich immer mehr. Er möchte seine Ruhe haben, nicht mehr durch Nachrichten und Probleme aufgestört werden. Sein Lebenshunger ist ausgelöscht.

Der Patient ist ausgerichtet auf die Einstimmung in das Unvermeidliche. Es wird ihm die letzte Zeit seines Lebens erleichtern, wenn er Zugehörige an ihm teilnehmen weiß, die in irgendeiner Weise das weitergeben, was und wozu er gelebt hat.

Das Hunger-Leiden

Wenig fürchtet der Mensch mehr, als Hunger leiden zu müssen. Die regelmäßige Nahrungszufuhr ist für ihn lebenswichtig. Bereits wenn eine Hauptmahlzeit fehlt, beginnt er etwa unter quälendem Hungergefühl zu leiden. Viele Menschen nehmen Zwischenmahlzeiten zu sich, weil sie das Hungergefühl bis zur nächsten Hauptmahlzeit nicht aushalten, weil ihnen der Magen «knurrt». Es kommt offenbar zu Magenbewegungen und einer Hungersekretion des Magensaftes, die die Betroffenen quälen. STUNKARD und FOX (1971) haben bei einer Langzeituntersuchung allerdings beobachtet, daß bei normalen Versuchspersonen die gastrische und duodenale Motilität keinen Effekt auf das Hungergefühl oder auf Nahrungsaufnahmewünsche ausüben. In einer ähnlichen Studie, die nur vier Stunden dauerte und eine größere Gruppe von Personen umfaßte, haben dieselben Autoren nur bei einer kleinen Minderheit von Personen eine strenge Korrelation zwischen gastrischer Motilität und der Intensität des Hungergefühls gefunden. – Bei den späteren Ulkuskranken ist es, wie im entsprechenden Abschnitt erwähnt ist, das übermäßige Gestimmtsein auf Hunger, das übermäßige Bedürfnis, sich Objekte einzuverleiben, das letztlich dazu führen dürfte, daß zuviel Pepsinogen produziert und die Schleimhaut «angefressen» wird.

Im Hungerstreik von Menschen, die mit ihrem Leiden andere «erweichen» wollen, ist das Leiden zwar selbstgewählt, doch deshalb wohl nicht minder quälend. Immerhin kann die vollkommene emotionale Ausrichtung auf ein Ziel selbst physiologische Bedürfnisse oder/und Qualen bzw. Schmerzen in den Hintergrund treten lassen.

Wird keine Nahrung aufgenommen, so treten in den ersten Tagen nach der Karenz eine ansteigende Hungerketose im Blut und, bei mangelnder Wasser- und Elektrolytkompensation, ein zunehmender Blutdruckabfall sowie Übelkeit auf. – Die unter therapeutischen Bedingungen bei Adipösen erfolgende Null-Diät ist damit nicht zu vergleichen, da bei dieser diätetischen Maßnahme durch Flüssigkeitsgabe und Elektrolytkompensation ständig dafür gesorgt wird, daß dem Körper das Wasser und die lebenswichtigen Mineralien erhalten bleiben. –

Bei längerem Hungern werden auch die Körpereiweiße angegriffen und in den Abbauprozeß miteinbezogen, so daß der davon betroffene Mensch nicht nur von seinen eigenen energetischen Reserven (Fette), sondern auch von seinen Aufbausubstanzen (Eiweiße) zehrt. Bei komplettem Nahrungsentzug wird indes der Eiweißkatabolismus (Eiweißabbau), mit der Zeit, auf ein Minimum gedrosselt, so daß die Stickstoffausscheidung (der Stickstoff rührt von den abgebauten Eiweißmolekülen her) nach einigen Wochen auf weniger als 4 g pro Tag abfällt. Fallen die Eiweißbestände des Organismus um mehr als die Hälfte ab, so wird ein lebensbedrohlicher Zustand erreicht, da die gesamten Protein-(Eiweiß-)Reserven des menschlichen Körpers nur 6000 bis 8000 g betragen. Jede Fastenkur von mehr als vier Monaten Dauer bedeutet, selbst bei Rückgang der Stickstoffausscheidung auf weniger als 4 g pro Tag, eine Gefährdung des Lebens. Damit ist aber auch ausgesagt, daß der Mensch ohne Kalorienaufnahme unter Umständen Monate überleben kann (SAUDEK und FELIG, 1976). Bei der erwähnten Null-Diät, die mit fettleibigen Erwachsenen durchgeführt wird, sollten Fastenkuren nicht mehr als 100 Tage andauern, ohne eine exakte Stickstoffbilanz durchzuführen. Wird – bei Null-Diät – durch Trinken und normale Nierenfunktion für eine Ausscheidung der Ketonkörper gesorgt, so bleibt das Säuren-Basen-Gleichgewicht im Blut erhalten, und es kann so die quälende Übelkeit verhütet werden.

Selbstverständlich kommt es zu einem bedeutenden Konzentrationsabfall des Blutzuckers, bereits bei eintägiger Nahrungskarenz (GÖSCHKE et al., 1976). Es finden sich noch eine Reihe anderer Stoffwechselverschiebungen, so z.B. eine Erhöhung der Pankreas-Glukagon-Konzentration im Blut sowie, parallel dazu, eine Senkung des Plasma-Insulin im Hungerzustand. Nach Ansicht von GÖSCHKE et al. (1976) ist eine Verschiebung des Insulin/Glukagon-Quotienten für die Bereitstellung energiespendender Substrate im Fastenzustand maßgeblich. Ein total Hungernder, ohne Möglichkeit der entsprechenden Wasseraufnahme, kann, wenn keine anderen, interkurrenten Krankheiten dazukommen, bis zu 30 Tagen ausharren. Die Erfahrungen in Hungerregionen Indiens und des früheren Chinas, in Kambodscha und in den Konzentrationslagern der Nationalsozialisten zeigen, daß eine Vita minima aber oft unter prekärsten Nahrungsbedingungen monate-, ja jahrelang, noch möglich ist. Die Betroffenen lassen indes schwerste Folgen des chronischen Hungers an ihrem Körper erkennen. Sie sind wegen extremen Gewichtsabfalls total ausgemergelt, zeigen wegen des Eiweißabbaus in ihrem Körper eine verminderte Fähigkeit des Gewebes, Wasser zu binden. Es kommt zu vermehrter und öfterer Urinabgabe einerseits und zu progressiver Schädigung aller Organsysteme, eingeschlossen des Gehirns und des übrigen zentralen Nervensystems andererseits. Der Hirnstoffwechsel stellt sich bei dauernder Nahrungskarenz allerdings auf die Eliminierung von vorwiegend Betaoxybuttersäure und anderen Ketonkörpern ein, die, wie erwähnt, infolge Umstellung des Gesamtstoffwechsels auf Fettverbrennung, im Blut ansteigen. Doch führt die chronische Unterernährung zu einem Mangel an Vitaminen, der bis zu schwersten Schädigungen des Nervensystems führen kann. –

In gewissen Religionen sind Fasttage oder gar Fastenmonate eingebaut, wobei mit dem Begriff Fasten Unterschiedliches gemeint ist. Bei den einen wird die Nahrung auf Null reduziert, die anderen dürfen nur nachts essen, und Vertretern wieder anderer Religionen ist es nur gestattet, gewisse Speisen während dieser Zeit einzunehmen. Die Reduktion der Nahrung oder das totale Fasten sollen die Introspektion und die Gotteserkenntnis, die Verbindung mit einer überirdischen Macht, besser ermöglichen. Der Mensch befreit sich, wenigstens während dieser Zeit, bildlich gesprochen, von der Fessel der regelmäßigen Nahrungsaufnahme und macht sich frei zur Verbindung mit Höherem.

Das Hungerleiden aber, wie es in den Konzentrationslagern mit der ständigen Todesbedrohung herrschte, ist kaum vorstellbar. Zum Hungerleiden bzw. der Hungerkrankheit in deutschen Konzentrationslagern in der Hitler-Zeit haben HELWEG-LARSEN et al. im Jahre 1952 eine umfassende Schrift veröffentlicht und speziell die gesundheitlichen Akut- und Dauerschäden beschrieben. Sie haben auf den Zustand der Gesetzlosigkeit hingewiesen, dem die Häftlinge ausgesetzt waren, die scheußlichen hygienischen Bedingungen und die Absicht der Aufseher, die Selbstachtung der Gefangenen völlig zu brechen und sie, vor der physischen Vernichtung, der restlosen psychischen Erniedrigung und Vernichtigung auszusetzen. Es wird die schwerste Insuffizienz der Ernährung in diesen Lagern mit der daraus erhöhten Morbidität und Mortalität angeführt. Ganz abgesehen davon, daß die durchschnittliche Kalorienmenge sehr niedrig war und sich deshalb schon eine Unterernährung ergab, war die Nahrung auch qualitativ minderwertig, so daß die Konzentrationslagerhäftlinge extrem abmagerten, sich Hungerödeme einstellten, eine Polyurie und Pollakisurie entstand, da das Wasser im Körper, infolge Eiweißabbaus und mangelnder Fähigkeit des Körpergewebes, das Wasser zu binden, nicht mehr zurückgehalten werden konnte. Die Häftlinge litten unter Muskelschwund infolge des erwähnten Eiweißabbaus, schwersten Avitaminosen und Hunger-Diarrhoea, abgesehen davon, daß sie in ihrem reduzierten Allgemeinzustand Infektionskrankheiten besonders ausgesetzt waren.

Das Hungerleiden und die Erfahrung der Brutalität durch die Bewacher der Konzentrationslager sowie die ständige Nähe der Todesbedrohung führten dazu, daß die Betroffenen oft nur noch apathisch dahinlebten, nicht mehr an die Vergangenheit, noch an die Zukunft zu denken vermochten. Sie verloren die Fähigkeit zu spontanen Reaktionen, neigten zu Reizbarkeit und emotionaler Labilität. Jegliches Lusterleben schwand. Das Hungerleiden führte aber nur selten zur akuten psychotischen Dekompensation. Der Hunger war oft gepaart mit entsetzlichem Durst. JENÖ SCHWARZ (1962) schreibt in seinem Buch «Mein Kampf auf Leben und Tod», wie sehr er auf der Flucht vor der SS erschöpft war, sich ohne mitmenschlichen Zuspruch fühlte, nur ein SS-Mann am anderen Ufer eines Flusses stand, ihn mit dem Fernglas beobachtete und von Zeit zu Zeit spöttisch herüberrief: «Kri, Kri, Kri.» Er schildert seinen Zustand wie folgt:

> «Ich richte mich auf und will meinen Weg beginnen. Schon nach dem ersten Schritt falle ich wieder zu Boden. Mein Schädel prallt auf den harten, eisbedeckten Boden. Ich raffe mich mühsam auf, denn ich muß doch weg von hier. Doch auch diesmal komme ich nur einen einzigen Schritt weit. Wieder schlägt mein Schädel auf das Eis, denn meine Hände können den Aufprall meines Kopfes nicht

auffangen. Sie sind gefroren. Nun fließt das Blut auch von meinem Kopf. Ich bin gezwungen, das Gehen aufzugeben und muß mich damit abfinden, hier liegenzubleiben und das Weitere abzuwarten. Ich fühle mich so elend, so hilflos, so verlassen. Meine Gliedmaßen zittern vor Kälte. Ich muß Wasser lassen, halte mich aber zurück, denn ich kann nicht einmal den Hosenknopf öffnen. Aber schließlich kann ich mich nicht mehr zurückhalten. Dazu plagt mich ein fürchterlicher Durst. Ich lege mich auf den Bauch und lutsche den gefrorenen Schnee. Meine Hände sind nicht mehr fähig, etwas zum Munde zu führen. Meine rechte Hand ist vollkommen gefühllos geworden, wie abgestorben. Die Linke kann ich zwar heben, aber die Finger sind unbeweglich und steif.»

Guy Kohen (1946) schildert in seinem Buch «Retour d'Auschwitz» die entsetzlichen Bedingungen, denen die Konzentrationslagerhäftlinge ausgesetzt waren, und er erwähnt besonders auch das schreckliche Hungerleiden, das die Verfolgten ausstehen mußten:

«Ce camp où nous étions avait été prévu pour abriter trois mille détenus. Nous y étions peut-être vingt mille. En effet, il se trouvait plein à craquer d'internés venus de tous les K.L. de la Haute-Silésie Orientale (Auschwitz, Monowitz, Janina, Tcherbinia, Jawischowitz etc.). Dans des conditions terribles, nous restâmes serrés les uns contre les autres comme des sardines dans une boîte; la nuit, nous couchâmes par paquets, les uns au-dessus des autres; c'était infernal. ... C'est le quatrième jour qu'aucune nourriture ne nous était distribuée ...».

Hermann Adler, der ebenfalls das Konzentrationslager miterlebt hat, schreibt in seinem Werke »Gesänge aus der Stadt des Todes» (1945) an einer Stelle folgendes über die Todeszüge, die in die Konzentrationslager führten, und er erwähnt dabei das quälende Dursterleben:

«Langsam nur fahren die Züge des Grauens; und während der Reise bleiben sie alle oft stundenlang stehn auf dem toten Geleise.

Längst ist die Luft schon verbraucht, und in gänzlich verschlossenen Wagen
lechzt man schon fiebernd nach Wasser, doch keiner hat Kraft mehr, zu klagen.
Mancher, der während der Fahrt den Erstickungstod röchelnd erleidet,
stirbt in dem dichten Gedränge fast stehend – und wird noch beneidet.
Schwache und Kranke und Kinder und Greise, die ohnmachtsnah rollen
schuldlos zum Gasplatz hin, sterben bevor es die Mörder noch wollen!»

Das Hungerleiden hat im Gefolge der Auseinandersetzungen in Indochina in unvorstellbarem Ausmaß vor allem auch das kambodschanische Volk erfahren. Nach unsäglichem Leiden mußten Millionen den Verhungerungstod erleiden. Unermeßlich, was von diesen Menschen, die von der Welt unbeachtet dahinsiechten, erlitten wurde. Wieder waren es nicht feindliche Armeen, die dieses Volk aushungerten, sondern es war die eigene regierende Minderheit, die der Mehrheit das Hungerlos bereitete. Wer hungert, ist aber so geschwächt, daß er niemanden auf sein Leiden aufmerksam machen kann. So schwanden denn viele dieses Volkes dahin, ohne daß die maßgeblichen Gremien der Welt, wie z. B. die UNO, sich darum wirklich gekümmert hätten.

Zu allen Zeiten versuchten Feinde sich gegenseitig auszuhungern, dem 20. Jahrhundert aber blieb es vorbehalten, daß Angehörige der gleichen Gemeinschaft andere als nicht zugehörig erklärten und sie systematisch in Millionenzahl aushungerten, ausrotteten. Das grausame Los des chronischen Hungerleidens, das mit den technischen Mitteln und Produktionsverhältnissen der Gegenwart unschwer auf der ganzen Welt behoben werden könnte, wurde nun aber als Macht- und Vertilgungsmittel eingesetzt. Es war früher schon gefährlich, wenn narzißtisch Gestörte an den Schalthebeln der Macht saßen. Mit den heutigen Massenmanipulationsmöglichkeiten kann es aber dazu kommen, daß Millionen Hunger leiden und schließlich Hungers sterben.

Bei dieser Gelegenheit müssen wir uns fragen, ob das Hungerleiden sich in der Gegenwart wirklich nur auf die mangelnde körperliche Nahrung bezieht. Leiden wir nicht alle «Hunger» an der mangelnden mitmenschlichen Solidarität, am ungenügenden Interesse der Menschen füreinander, leiden wir nicht alle «Hunger» nach mitmenschlicher Zuwendung in einer Welt, die ständig mehr Anpassung an Normen und Maschinen verlangt, die das Zeigen von Gefühlen kaum mehr gestattet? Es ist kaum faßbar, wieviel Leid und Leiden Menschen einander zufügen können. Mögen doch Zeiten kommen, in denen die Menschen bewußt auf – trügerische – Machtgefühle verzichten, kein Hungerleiden mehr verursachen und dem Menschen wieder seine unbeschwerte Lebenslust lassen.

Der Lebens-«Hunger»

Alle Menschen, auch oder besonders, wenn sie sich gesund fühlen, sind darauf aus, immer wieder neue Erfahrungen zu sammeln. Wie wir bereits dargelegt haben, ist unser Nervensystem so angelegt, daß es der Reize bedarf, um in einem gesunden funktionellen Gleichgewicht zu bleiben. Beim Säugling zeigt sich, daß, außer mütterlicher Zuwendung und Wärme, eine stetige Stimulation durch Außenweltsreize notwendig ist, damit er sich gedeihlich entwickle. Von alten Menschen ist bekannt, daß sie als neugierig eingeschätzt werden. Man wirft ihnen diesen Umstand oft vor, obwohl heute bekannt ist, daß Menschen, die nur noch wenig erleben, in Gefahr stehen, zu sehr ihrer Phantasiewelt ausgeliefert zu sein. Manche Verwirrtheit bei Betagten dürfte nicht nur daher rühren, daß ein gehirnorganischer Abbau stattgefunden hat, sondern auch in der Tatsache begründet liegen, daß sie nichts mehr erleben und einer relativen «sensory deprivation» ausgesetzt sind, bei der es – offenbar als Ersatz für Außenweltseindrücke – bekanntlich bald zum Auftreten von Halluzinationen kommt. Vor allem aber die Jugend möchte etwas erleben. Schon in früheren Jahrhunderten zogen Jugendliche in fremde Länder und Kontinente. Sie dienten in ausländischen Heeren und kamen, falls sie erfolgreich waren und am Leben blieben, erfüllt zurück und berichteten über ihre reichhaltigen abenteuerlichen Erfahrungen. Die Fremdenlegion und die Söldnerarmeen wären nicht möglich gewesen ohne den Abenteuerhunger Jugendlicher, und zwar besonders jener jungen Menschen, die in benachteiligten emotionalen und materiellen Milieus aufwuchsen.

Wenn wir uns nun überlegen, weshalb es in den vergangenen Jahren gerade in den wohlhabenden Ländern, wie beispielsweise in der Schweiz, der Bundesrepublik Deutschland und in den Niederlanden zu Jugendkrawallen gekommen ist, so können wir zwar keine eindeutig wissenschaftlich belegten Untersuchungen vorweisen. Wir müssen aber vermuten, daß das reglementierte, durch mannigfaltige Computereinwirkungen normierte, saturierte gesellschaftliche Leben in diesen Ländern den Jungen Angst bereitet. Es ist nur noch wenig individuelle Entscheidungs- und Bewegungsfreiheit übrig geblieben, die ihren Erkundungsdurst und -hunger befriedigen könnte.

Der Computer und die dafür entworfenen Programme gestatten uns auf der einen Seite, Daten zu sammeln und zu berechnen, für die früher mehrere Menschenleben nicht ausgereicht hätten. Damit erhalten die in die Gesellschaft Hineinwachsenden ungeahnte Einsichten in die Geheimnisse der Natur. Auf der anderen Seite wird so der Welt das Geheimnisvolle genommen. Die Jugendlichen wie auch die anderen Menschen können nicht mehr ihre inneren Bedürfnisse in den Himmel projizieren. Eine der Computererrungenschaften ist auch die bereits erwähnte Normierung menschlichen Lebens. Der Spielraum der Freiheit im Alltagsleben ist kleiner geworden. Es kann sich kaum jemand mehr Schrullen leisten. Diese Spanne zwischen extremer Normierung einerseits und kaum vorstellbarer Freiheit, wie sie durch die Computerberechnungen gewonnen wurde, andererseits dürfte es mit sein, die die Jungen verunsichert. Die Menschen haben die Fähigkeit erlangt, am genetischen Code zu manipulieren, die Welt durch Atombomben zu zerstören. Sie sind zu «Herren über Leben und Tod» geworden, besitzen jene Eigenschaften, die man früher den Göttern oder Gott zuschrieb. Die narzißtische Wunde der menschlichen Verletzlichkeit wird durch Größenvorstellungen zu kompensieren versucht. Der natürliche Hunger nach Erleben wird ins Überdimensionale gesteigert. Geschwindigkeitsexzesse und der damit verbundene Irrglaube, unverletzlich zu sein, das Bestreben des Menschen, immer weiter in das All vorzudringen, bald den Erdtrabanten dem Menschen dienstbar zu machen, sind zu Vorstellungen geworden, die den Normalbürger beschäftigen. Daneben müssen sich aber die Jungen ängstigen und sich fragen, ob sie noch einen Arbeitsplatz finden. Zwar werden sie in verschiedenen Ländern ein Arbeitslosengeld erhalten, doch unbefriedigt sein. Ich habe in gewissen Städten beobachtet, wie Jugendliche in großen Autos oder mit Motorrädern ziellos und in großer Geschwindigkeit durch die Straßen fuhren, manche von ihnen gerne nachts Lärm produzierten, weil sie nichts hatten, das ihnen eine Befriedigung gebracht hätte. Vielleicht wollten sie, zumindest unbewußt, damit die Bürger der Stadt wecken, damit jene auf ihre Not aufmerksam würden. Sie haben einen Hunger nach echtem Einsatz für die Mitmenschen, wissen aber ihre ganze Lebensenergie ungenutzt. Ob in Ost oder West, ist dieses Jugendproblem noch nicht gelöst. Weder die Massenmanipulation im Osten noch das Leben im Westen mit seiner mangelnden Solidarität unter den dort lebenden Menschen vermögen diesen jungen Menschen in ihrem Hunger nach dem Leben zu helfen. Es droht uns eine neue Schichtung der Bevölkerung, und zwar erstens in solche Menschen, die an den Computererrungenschaften Anteil haben und zweitens in solche, die nur Hilfsfunktionen auszuüben haben werden und, wie wir heute schon sehen, drittens in jene, die nicht einmal mehr arbeiten können, jedoch in ihrer Arbeitslosigkeit irgendwie ein Ruhegehalt beziehen. Eine solche Existenz ohne Zielgebung und Einsatz für die Gesellschaft ist sinnentleert. Die Verantwortlichen – und wer gehörte nicht dazu? – werden sich mehr als bisher einfallen lassen müssen, um zu helfen, in der Sozietät jene Solidarität zu entwickeln, die allen, ob sie aktiv an der Computerwelt mitwirken können oder aber nur in Hilfsfunktionen tätig sind, den berechtigten Eindruck vermittelt, mit an der Vermehrung unseres Wissens, der Vergrößerung der «Lichtung des Seins», wie die Daseinsanalytiker sagen, und am Werk für alle beteiligt zu sein.

Um dieses Ziel zu erreichen, den Lebenshunger der Jugend zumindest bis zu einem gewissen Grade stillen zu können, wird es auch notwendig sein, unser Schulsystem zu ändern. Nicht nur wird es, wie wir bereits an anderer Stelle (BATTEGAY, 1972) erwähnt haben, angezeigt sein, in der Schule regelmäßige gruppenzentrierte Konfliktaustragungsmöglichkeiten zu schaffen, sondern es wird auch dafür gesorgt werden müssen, daß viel mehr, als es heute der Fall ist, der Unterricht gruppenzentriert vor sich geht. Die Lehrer müssen dazu angehalten werden, den Wissensstoff zum Teil durch die Schüler selbst vermitteln zu lassen, indem sie sie immer wieder mit in die Verantwortung ziehen und sie in Teilgebieten den Unterricht selbst bestreiten lassen. Es wäre auch zu überlegen, ob die Schüler in gruppenzentriert organisierten Klassen nicht sich selbst und gegenseitig bewerten könnten. Das alte Notensystem fiele, und die Schüler würden ein Gespür, eine Sensibilität dafür entwickeln, ob sie zu weiterer Bildung fähig sind oder nicht. Selbstverständlich müßte eine fachgerechte Supervision, die aber nicht autoritär sein dürfte, stattfinden. Der Hunger der Jugendlichen nach Verantwortungsübernahme würde somit etwas gestillt und ihre Bereitschaft zur Verantwortlichkeit gefördert. Es wird oft staatsbürgerlicher Unterricht verlangt. Eine theoretische Unterweisung in Bürgerspflichten würde sich aber kontraproduktiv auswirken. Ein solcher Beizug zur Verantwortung, wie ich ihn zu schildern versuche, könnte aber dazu führen, daß die Jungen von heute morgen ihre bürgerlichen Pflichten wahrnehmen.

Die Jungen mit ihrem Tatenhunger haben es in mancher Hinsicht schwerer als vergangene Generationen. Einerseits werden die Menschen immer älter, es geht andererseits immer länger, bis ein Mensch voll ins Berufs- und Gesellschaftsleben integriert ist. Wann ist die Jugend beendet? Mit Eintritt der Volljährigkeit, ob mit 18 oder mit 20 Jahren, haben die Heranwachsenden oft noch keine Stellung erreicht, in der sie als voll mitspracheberechtigt gelten. Das Einkommen und die berufliche Stellung entscheiden häufig darüber, ob ein Individuum schon voll mitreden darf oder nicht. So hat sich die Zeit der Jugend ausgedehnt, oft bis zum 30. Lebensjahr. Unsere Gesellschaft kennt strenge Reglementierungen, weist aber den Jugendlichen keine verantwortliche Rolle und keinen sozialen Status zu. Man erwartet von ihnen, daß sie lernen, nicht aber, daß sie mitreden. Dabei besteht in keiner Lebensphase mehr als in der Jugend das Bedürfnis, entscheidend mitsprechen zu dürfen. Bei manchen älteren Menschen gilt gar etwa noch als jugendlich, wer schon das fünfzigste Lebensjahr erreicht hat!

Obschon die körperliche und geistige Reifung rascher als noch vor einigen Jahrzehnten vor sich geht (Acceleration), verläuft die gefühlsmäßige Entfaltung oft verzögert (Retardation). Die Menschen bleiben nicht selten von infantilem Gemüt, verhalten sich regressiv, bis in vorgerücktere Jahrgänge, weil ihr Verantwortungsbewußtsein nicht herangebildet wurde. Vielleicht wurde sogar der Infantilismus zu einem begehrten Kulturphänomen unserer Zeit. Welcher Alte möchte schon als betagt erscheinen? Will nicht auch er – oder sie – bis ins höchste Alter jugendlich wirken, sich wie ein Junger oder eine Junge aufführen dürfen? Die ausgelassene Jugendlichkeit über die ganze Lebenszeit zu bewahren, wurde zu einer der verbreitetsten Ideologien unseres Jahrhunderts.

Der Lebenshunger der jungen Menschen ist ein an und für sich begrüßenswertes Phänomen. Daß die ungestüm vorstoßenden Jungen einerseits und die Hergebrachtes Bewahrenden andererseits in einen Generationenkonflikt geraten, ist nichts Neues. Vielleicht ist die Erwachsenengeneration von heute aber die erste, die sich davon überrascht zeigt. Man möchte, daß die Jungen sich bedingungslos ins computernormierte Räderwerk einspannen lassen, unbesehen und unkritisch die Notwendigkeit der Atomnutzung annehmen, das gegenwärtige politische Gerangel sowie das Waffengerassel als den Ausbund der Weisheit erklären. Das sind naturgemäß Erwartungen, die besonders jene jungen Menschen nicht zu erfüllen vermögen, welche in ihrer frühen und in ihrer späteren Kindheit nie Gelegenheit hatten, in ihrer familiären Umgebung ein Urvertrauen (ERIKSON, 1950) in eine tragende Gemeinschaft zu erleben, das sie für das Leben gesichert hätte. Es sind nicht die Glücklichen, die auf die Straße gehen und Schaufenster zerstören oder Drogen nehmen, sondern es sind jene, die infolge mangelnder oder überbehüteter Umsorgung krank und irre am Menschen geworden sind. Ihrer müssen wir uns besonders annehmen. Wir dürfen nicht das ganze Versagen der Gesellschaft auf sie projizieren. Es müssen Mittel und Wege gefunden werden, sie in Wohn- und Lebensgemeinschaften zu integrieren, in denen sie sich wenigstens einigermaßen geborgen fühlen dürfen. Autonome Jugendzentren können niemals allein das Problem lösen, da sie zu Ghettos zu werden drohen. Es muß sich die Allgemeinheit mit diesen Jungen mehr solidarisch fühlen lernen. Nur so werden diese Menschen, denen der Einstieg in die moderne Welt Mühe bereitet, einen Ort finden können, an dem sie vielleicht ihr Dasein wieder sinnvoll zu erleben vermögen.

In London besteht schon seit langem der Hydepark-Corner, an dem Menschen frisch und frei von der Leber weg sprechen dürfen und jene ihnen zuhören, die ihnen lauschen mögen. Wir sehen auch in unseren Städten umherreisende Musikanten, die ihre Streich- oder Blasinstrumente spielen, und viele Menschen hören ihnen interessiert und angesprochen zu. Es ist der Beginn einer Entwicklung, die dahin gehen könnte, daß viele Orte in unseren Städten zu Punkten der Begegnung werden könnten, an denen Sprechende und Hörende, Musizierende und Lauschende, zu einer Gemeinschaft werden und einen Gemeinsinn zu entwickeln vermöchten.

Der Hunger der Jugend darf nicht abgedrosselt werden. Er ist menschheitserhaltend. Unsere Städte müssen noch so viel Wirtlichkeit erhalten, daß die jungen Menschen nicht total sich selbst überlassen und nicht der Welt entfremdet werden. Sie sollen ihren Hunger in jeglichem Sinne erleben, aber auch, im Rahmen der Beachtung der Mitmenschlichkeit anderer, ihm Ausdruck geben dürfen.

Die Unersättlichkeit in der Politik und die «Unverdaulichkeit» des Eroberten

Aus der Geschichte wie auch aus der Gegenwart wissen wir, daß in Diktaturen immer Menschen an der Spitze stehen, die es mit einer Geltungsproblematik zu tun haben. Sie versuchen, ihre Insuffizienzgefühle und ihre Kommunikationsstörung, die wohl – sei es infolge anlagemäßiger Unterempfindsamkeit, sei es infolge Umweltsversagens – stets von Mangelerfahrungen in bezug auf Liebe, Zuwendung und Stimulation in ihrer Kindheit und damit von einer mangelnden Entwicklung eines adäquaten Selbstbildes und einer realitätsgerechten Objektrepräsentanz herrühren, mittels den ihnen Unterstellten zu kompensieren. Ihr «Hunger» nach Beachtetwerden, nach Stimulation und Bestätigung ist unstillbar.

In der Politik können solche «Hungrige», solche in ihrem Selbst Beeinträchtigte (Kohut, 1971/1977; Battegay, 1977), sehr hoch kommen, weil ihre Neigung, ihr mangelndes Selbstgefühl zu kompensieren, ihnen die Motivation gibt, alle Hindernisse in ihrer Laufbahn aus dem Wege zu räumen. Sie setzen ihre Intelligenz vorwiegend für die Realisierung ihrer Ambitionen ein. Die Verwirklichung ihrer kompensatorischen Größenphantasien mündet so in eine Führerposition. Dabei besteht die Gefahr, daß sie bald despotisch und, ideologisch untermauert, vom Volke das verlangen, was sie in ihrer Phantasie zur Auffüllung ihres «narzißtischen Lochs» (Ammon, 1974) bedürfen. Die Untergebenen sollten immer das tun und lassen, was die Ideologie bzw. die Phantasie dieser narzißtisch Beeinträchtigten verlangt. Es besteht bei diesen Menschen ein Macht-«Hunger», weil sie alle Mittel benützen, um sich Objekte «einzuverleiben», mit denen sie sich verstärken wollen. Wenn ein solcher «Staatsmann» im Namen seines Volkes spricht, ohne es zu befragen, so kann er sich um die vielen Millionen Menschen seines Volkes verstärkt fühlen. Bei fehlender demokratischer Kontrolle können diese Individuen sehr gefährlich werden, weil alle und alles, was sich ihnen entgegenstellt, als hinderlich, anstoßerregend, ja sogar als gefahrbringend erlebt wird. Es bestehen kaum ausgesprochenere Despotien als jene unter solchen narzißtisch gestörten Führungspersönlichkeiten. Wohl ist es kein Zufall, daß die narzißtisch beeinträchtigten Mitglieder der obersten Führungsschicht eines solchen sich selbst verabsolutierenden politischen Systems sich bei den Sitzungen immer gegenseitig applaudieren. Der lautstarke und unkritische Beifall aller für einen und des einen für sich selbst wie für die anderen soll offenbar bei allen das dahinter steckende schwache Selbstgefühl stärken.

Es ist gefährlich, die parlamentarische Kontrolle zu beschneiden. In einem System, das autokratisch regiert wird, müssen zwangsläufig Macht-«Hungrige» hochkommen. Eine stetige Ausweitung des narzißtischen Hungers bei diesen Menschen ist unvermeidlich. Das Bedürfnis nach «Einverleibung» führt zu immer weiterem «Verschlucken» von Objekten, und kaum ist ein Objekt einverleibt, kann es als solches schon nicht mehr wahrgenommen werden, weil es aufgehört hat, als Gesondertes zu existieren. Es muß deshalb ein unwiderstehliches und unersättliches Verlangen nach Objekten entstehen, wie es für eine Sucht charakteristisch ist.

Man war in den Demokratien anscheinend erstaunt, daß Hitler, nachdem er 1938 das Münchener Abkommen mit ihnen abgeschlossen hatte, immer noch «Hunger» nach Eingliederung weiterer Länder in das Deutsche Reich hatte. Er war von seiner Kindheit her zweifellos schwerst narzißtisch beeinträchtigt und infolgedessen voller Insuffizienzgefühle, die er nicht aushielt, ohne sie zu kompensieren. Dementsprechend versuchte er, sich mit Hilfe des deutschen Volkes zu verstärken. Wenn er im Berliner Sportpalast oder anderswo sprach, so ging er in seiner Phantasie eine Fusion zumindest mit den Anwesenden, wohl aber auch mit allen anderen Deutschen ein, wobei ihm die projektive Statuierung von Feinden, im inneren wie im äußeren, half, entsprechende kompensatorische Größenphantasien in bezug auf die eigene «völkische Mission» und das Deutschtum zu hegen. Da indes sein narzißtisches Loch nie dauerhaft auffüllbar war, blieb sein «Hunger» ungestillt. Er hatte nicht genug am stets sich wiederholenden Applaus des eigenen Volkes, sondern eroberte impulsiv ein umliegendes Land nach dem anderen, bis er schließlich Rußland angriff. Dabei hat er seine und die damalige Kraft Deutschlands, entsprechend seinem kompensatorischen Herrenmenschenwahn, fehleingeschätzt. Die weltumspannende Dimension der alliierten Mächte und des russischen Reiches sowie die klimatischen Verhältnisse Osteuropas wurden ihm zum Verhängnis. In seinem Hunger nach immer mehr Ländern suchte er schließlich, sich einen Brocken «einzuverleiben», den er und das damalige Deutschland nicht zu «schlucken» vermochten. Keine politische Macht der Erde kann jene Dimensionen überschreiten, welche ihren Mitbürgern weder organisatorisch noch menschlich zuträglich sind. Eine Diktatur trägt es, wegen der narzißtischen Störung der Führenden, in sich, daß sie an ihrer Unersättlichkeit zugrunde geht.

Charakteristisch für die schwere narzißtische Störung Hitlers war auch seine Neigung zu Wut und Raserei. Er, der dauernd schon wegen Bagatellen Gekränkte und Verwundete, setzte alles daran, andere zu schlagen oder aus der Welt zu schaffen. Daß die Juden in ihrer unaufhörlichen Geschichte seit biblischen Zeiten ihn, in seiner zutiefst gefühlten narzißtischen Insuffizienz, schon allein durch ihre Existenz an seine persönliche Ohn-Macht mahnten, dürfte eine der Erklärungen dafür darstellen, daß er mit deren Ermordung bzw. der «Endlösung» auf seine Aufwertung hoffte. Die schwerste Störung in seinem Selbstwerterleben führte dazu, daß er in seiner Phantasie eine Fusion mit Gleichgesinnten eingehen wollte. So scharte er mit seinen nationalsozialistischen Parteigängern Menschen um sich, die ähnlich gestört waren wie er und damit bereit waren, sich in seine Ideologie einspannen zu lassen. Sie konnten ihr Über-Ich korrumpieren, indem sie die Ideologie zum Ich-Ideal erhoben. Damit fühlten sie sich erhöht. Wie rasch es gehen kann, bis ein ganzes Volk, von dem viele Angehörige sich wegen Kriegsniederlage und Arbeitslosigkeit gekränkt fühlen, von einer kompensatorischen Herrenmenschenvorstellung selbst im 20. Jahrhundert ergriffen wird, geht aus dem Beispiel Deutschlands hervor. Eine solche Bewegung von narzißtisch Beeinträchtigten und von Rachegefühlen Erfüllten kann nur in einer soliden und parlamentarische Sicherungsmechanismen aufweisenden Demokratie gebremst werden.

Wo es an Tradition und/oder Schulung der Angehörigen einer Bevölkerung in bezug auf demokratische Regeln und Funktionsweisen gebricht, können solche Randgruppen von rachelüsternen, machthungrigen narzißtisch Beeinträchtigten, die sich zur Erhöhung ihres Selbstwerterlebens einer Ideologie verschreiben, plötzlich dominant werden und ein ganzes Volk mitziehen oder aber unterjochen.

Auch in revolutionären Prozessen sehen wir oft narzißtisch «Hungrige» an der Spitze. Solche Menschen neigen zu Revolutionen, die in der Verwirklichung ihrer hohen Vorstellungen und Ziele keinen Verzug ertragen. Die ganze Welt sollte sogleich ihre Ideen und Ideologien anerkennen, ungeachtet der realen Gegebenheiten. Solche Individuen müssen, sollte sich ihre Revolution verwirklichen, später entweder enttäuscht sein, weil die Wirklichkeit anders aussieht, als sie es in ihrem narzißtischen Fusionsbedürfnis erwartet haben, oder aber sie versuchen immer radikaler die Realität nach ihrem Entwurf umzuwandeln.

Die Revolution «frißt» bekanntlich ihre eigenen «Kinder», weil die neuen Vertreter einer unersättlichen und viel zu viel erwartenden, oft im Grunde menschenfremden Ideologie selbst jene nicht mehr als dazugehörig erleben, welche sie einmal an der Spitze vertreten haben. Ganz abgesehen davon, daß in einer Revolution ein Lernprozeß der Aggression durchgemacht wird, birgt ein so explosives politisches Geschehen die Gefahr von irrealen Erwartungen und damit von Enttäuschungen in sich, die wieder aggressiv bewältigt werden wollen. Die Ideologie will sich die Realität botmäßig machen, statt der sozialen Wirklichkeit Rechnung zu tragen.

Jede Gesellschaft, jedes Volk sollte darauf achten, daß narzißtisch Unersättliche von den Schalthebeln der Politik, der Macht, ferngehalten werden. Eine menschengerechte Gesellschaft kann nur dann bestehen, wenn der Unersättlichkeit Dämme gesetzt werden. Es muß jedermann klar gemacht werden, daß politische Macht, die sich auf Kosten der Unterwerfung anderer bzw. anderer Völker aufrechterhält, nicht von langer Dauer sein kann. Selbst mit noch so starren Regeln und mit massiver Dotierung der Geheimpolizei kann ein Staatsgebilde auf die Dauer nicht beieinander gehalten werden, das das Resultat eines solchen unersättlichen Aneignungsbestrebens ist. Diejenigen, die sich in ihrem Machthunger nicht bescheiden können, tragen selbst zu ihrem und ihres Staates Untergang bei.

Interessant ist in diesem Zusammenhang auch der «Hungerstreik» von Menschen, die sich zuvor bedingungslos einer Terroristengruppe zugesellt hatten. Sie wollen damit offenbar wieder gewaltsam die Mitmenschen zum Mitleid mit jenen zwingen, durch die sie vor ihrer Inhaftierung in ihrem Leben bedroht wurden. Der «Hungerstreik» dürfte überhaupt immer darauf aus sein, der Umwelt seine Macht durch Schuldbeladung anderer zu zeigen. Mit dem «Hungerstreik» glückt es dementsprechend den «Hungrigen», die Umgebung leiden zu machen. Vielleicht ist der «Hungerstreik» aber auch ein Mahnmal dafür, daß es den Betreffenden nicht gelang, ihren Macht-«Hunger» anders zu befriedigen.

Mahatma Ghandi hat in Indien mit seinen Hungerstreiks eine ungeheure Macht ausgeübt. Sein Hungern stellte pars pro toto auch das Leiden seines Volkes dar. Die Kolonialmacht wußte, daß, sollte ihm im Hungerstreik gesundheitlich etwas zustoßen, das ganze Volk in Aufruhr käme.

Vielleicht hat ein Hungerstreik aber auch die Bedeutung der Unersättlichkeit. Kleine Zugeständnisse genügen dem im Hungerstreik Befindlichen nicht. Er will den totalen Durchbruch, das totale Objekt, wie MELANIE KLEIN (1935) sagen würde. Dabei besteht die Gefahr, daß nicht einmal dann Befriedigung einträte, wenn das erwünschte Ziel erreicht wäre. Die Wirklichkeit der Welt sieht meistens anders aus als die Ideologie sie haben möchte. – Allerdings bleibt den Menschen in Diktaturen gelegentlich nichts Anderes übrig als der Hungerstreik, wenn sie gegen Mißbräuche der Macht eindrücklich demonstrieren und ihnen wirksam begegnen wollen.

Epilog

Es dürfte ein allgemein menschliches Problem in der Gegenwart sein, sich in der Umwelt nicht genügend eingebettet zu fühlen. Viele, besonders in unserem Kulturkreis, leiden daran, nicht genügend Wärme und Anerkennung zu erhalten. Dabei müssen wir daran denken, daß der Homo sapiens, im Unterschied zu den Primaten, wie PORTMANN (1944) sagt, als physiologische Frühgeburt zur Welt kommt und eigentlich noch einer «sozialen Gebärmutter» bedarf, um sich entfalten zu können. Nicht einmal die Wärmeregulation ist dem Säugling von allein möglich. Der Mensch kommt nach dem körperwarmen Milieu intra utero in eine kühle und unwirtliche Welt. Erfährt er in den ersten Lebensmonaten nicht jene Wärme, jene Stimulation und jene Möglichkeiten zum Erkennen von Umweltsgestalten, die für seine Reifung unabdinglich sind, so wirkt sich dieser Umstand zeitlebens aus. Wohl sind alle Menschen unseres Kulturkreises aus den erwähnten Gründen verkürzt an Wärme und Umsorgung, denn niemals ist es ihnen wieder möglich, jene Geborgenheit zu erfahren, die sie in der Gebärmutter erlebt haben. Das Trauma der Geburt (RANK, 1924) führt den Menschen endgültig aus jenem Bereich der beinahe absoluten Schonung heraus in die Zugluft einer fordernden Welt. Der Schrei des Neugeborenen zeigt auf, wie sehr das kleine Kind nicht nur nach Nahrung, sondern auch nach warmer Umsorgung – aggressiv – verlangt. Bis zu einem gewissen Grade sind alle Menschen, die in unserem Kulturbereich aufwachsen, beeinträchtigt in ihrem Selbstwerterleben, weil sie nie in vollem Maße eine Kompensation dieses Geburtstraumas erfahren konnten. Sie haben in ihrer frühen Kindheit alle ein gewisses Defizit an Wärme und Zuwendung erlitten. Es entsteht in ihnen ein Selbst- und ein Objektbild, das immer auch die Zeichen der Insuffizienz trägt. Dieses Ungenügen im Selbst- und im Fremdbild, der Mangel an erlebtem Selbstwert und das ungenügend schätzbare Objekt sind es denn auch, die sie das ganze Leben hindurch dazu motivieren, zu einem besseren Selbst und zu einem vollkommeneren Objekt zu gelangen. Jene, die wir als Hungerkranke bezeichnen, sind aber in einem besonderen

Maße und in spezieller Art in ihrem Selbst- und Fremdwerterleben beeinträchtigt. Deshalb werden sie ihr ganzes Leben unersättlich, krankhaft den Objekten nachjagen, um mit ihnen fusionieren, sich durch sie erhöhen und stärken zu können. Diese Menschen neigen dazu, ihre engen Bezugspersonen oder eine weitere Umwelt total für sich zu beanspruchen, oder aber, falls sie Überbehütungen, Versuchungen oder Fehlidentifikationen der Eltern mit ihnen erlebt haben, jegliches Objektangebot strikte zurückzuweisen und die Welt durch ihr Leiden auf sich aufmerksam zu machen. Sowohl die unersättliche Einverleibung von Objekten bei der Adipositas, bei Alkohol-, Medikamenten- und Drogenabhängigen wie auch die entsprechende Tendenz bei Depressiven und die im masochistischen Triumph gipfelnde Zurückweisung aller Objekte bei der Anorexia nervosa zeugen davon, daß die Betroffenen zu keiner reifen Objektbeziehung fähig sind. Sie sind stehen geblieben in jenem frühkindlichen Erleben, bei dem in bezug auf den Objekthunger noch keine Regulation besteht und es leicht zu Zuständen kommen kann, in denen für kürzere oder längere Zeit jegliches Objekt «einverleibt» oder «schmollend» zurückgewiesen wird. Bei Menschen, die in ihrer frühen Kindheit in einem Mangelmilieu lebten und kaum eine Möglichkeit hatten, eine Selbst- oder eine Objektrepräsentanz in ihrer Phantasie herzustellen, erkennen wir etwa die Tendenz, sich ein Objekt unter allen Umständen botmäßig machen zu wollen, und wenn dieses sich dann von ihnen zu lösen versucht, es zu zerstören. Sie haben nur wenige Beziehungen und Bindungen, und wenn sie einmal einen Menschen für sich zu gewinnen vermochten, so geben sie ihm nicht wieder die Freiheit, sich von ihnen zu lösen. So kann es (im Extremfall) sogar dazu kommen, daß die ihnen Nahestehenden durch sie umgebracht werden, weil sie es nicht zu ertragen vermögen, daß diese ihnen nahen Individuen sich von ihnen lösen. Das Sprichwort «Willst Du nicht mein Bruder sein, so schlag' ich Dir den Schädel ein» gilt für diese Menschen. Sie, die oft so schrecklich unter ihrer Einsamkeit und ihrer Kommunikationsstörung leiden, bringen jene um, die ihnen wenigstens zeitweilig Begleiter waren.

Doch besteht bei jedem Menschen ein «Hunger» nach Kontakt mit anderen. Es ist überhaupt keine Beziehung denkbar, ohne daß sich bei einer Begegnung die Eigenliebe auf den/die Entgegenkommenden ausdehnte. Die basale Beziehung des Menschen geht über die Ausdehnung der narzißtischen Aufmerksamkeit (bzw. Libido) auf den Nächsten. Diese Fusionstendenz in der Phantasie der Beteiligten darf aber nicht soweit gehen, daß der eine vom anderen oder beide voneinander abhängig werden, sonst liegt eine krankhafte Neigung vor, sich durch Einbeziehung von anderen Menschen in die eigene Welt, durch Vereinnahmung anderer Menschen, verstärken zu wollen. Bei den Individuen, die in besonderem Maße «hungrig» sind nach mitmenschlichem Kontakt, besteht in der Regel ein narzißtisches Defizit, ein Mangel in ihrem Selbst mit einer entsprechenden Beeinträchtigung in ihrem Selbstwerterleben. Sie versuchen, ihr Defizit durch den erwähnten, mehr oder weniger vollkommenen Einbezug von anderen in ihr Leben zu kompensieren. Menschen aber, die gar keine Möglichkeit besitzen, ihre narzißtische Aufmerksamkeit auf andere zu verlegen, die nichts von ihrer Eigenliebe anderen verschenken können, weil sie nur wenig davon für sich selbst übrig haben, sind ebenfalls als krank zu betrachten. Obwohl sie zutiefst bedürftig sind für mitmenschlichen Kontakt, vermögen sie – meist infolge Ich-Schwäche oder Fragmentationstendenz ihres Ich – in keiner Weise, ihren «Hunger» nach mitmenschlicher Beziehung gezielt zu entwickeln. Wir sehen solche Individuen «autistisch» für sich leben, obwohl sie gerne anders möchten, meist weil sie sich der Umwelt schutzlos ausgeliefert fühlen und sich gegen die anderen Menschen nicht genügend abzugrenzen vermögen.

In der Depression, sei es eine endogene oder eine anderweitig bedingte, ist immer eine narzißtische Entleerung, ein mehr oder weniger restloser Schwund des Selbstwerterlebens zu erkennen. In der Störung im Bereiche des Narzißmus, im Versiegen der narzißtischen Information an das Ich, die ihm normalerweise nicht nur den Eindruck des eigenen Wertes, sondern auch der Zugehörigkeit vermittelt, liegt der Wesenskern der Depression begründet. Ob mehr oder weniger aus genetischen Gründen, wegen Gehirnabbaus, anderweitiger körperlicher Ursache oder erlebensbedingt, stets ist es das Fehlen bzw. das Schwinden dieser zentralen Selbstrepräsentanz bzw. der Fähigkeit, die psychischen Instanzen Es, Ich, Über-Ich, oder, anders ausgedrückt, das ganze psychische Geschehen als zu sich gehörig zu betrachten, das die Depression ausmacht. Wir müssen annehmen, daß die Störungen des Überträgerstoffwechsels im Gehirn von Depressiven eng mit dieser narzißtischen Beeinträchtigung in Zusammenhang stehen. Die von Depressionen Betroffenen lechzen zutiefst nach mitmenschlichem Kontakt, obwohl sie oft jegliche Kommunikation meiden. Sie erwarten innerlich, daß die anderen die Schranken durchbrechen, auf sie zukommen und sie in ihrer Not erkennen. Immer ist es bei Depressiven diese große Erwartung an das Objekt, das sie beseelt. Es ist jene Riesenansprüchlichkeit, die, weil sie zwangsläufig von der mitmenschlichen Umgebung enttäuscht werden muß, stets an der Basis der Depression steht. Selbst bei jenen depressiven Erkrankungen, die wir als endogen bezeichnen, können wir entsprechende Auslösungsdynamismen erkennen. Zwar besteht bei ihnen eine genetische und auch hereditär in Erscheinung tretende Neigung zu Depressionen, doch ist das letzte auslösende Moment oft eine – bei der übermäßigen Erwartung an die Objekte beinahe zwangsläufig sich ergebende – Enttäuschung in bezug auf nahe Bezugspersonen.

Die Süchtigen sind in ihrer Unersättlichkeit Prototypen der Hungerkranken. Sie streben danach, eine frühkindlich erlittene Mangelerfahrung in bezug auf Liebe und Stimulation durch Einverleibung von Objekten wettzumachen. Es genügt ihnen die Zuwendung von nahen Bezugspersonen nicht. Die Betroffenen versuchen immer wieder, sich an Objekte anzuklammern bzw. sie zu verschlucken. Haben sie die süchtig begehrten Gegenstände an sich gerissen oder in sich aufgenommen, so schwindet der Objektwert des Objektes, das zu einem Teil ihrer selbst geworden ist. Es heißt im französischen Sprichwort: «Tout embrasser c'est tout perdre.» Es ist dem Volke bekannt, daß, wer alles will, alles verliert. Diese Tatsache ergibt sich nicht nur, weil der Mensch niemals Unermeßliches umfassen kann, sondern auch, weil er, wenn er dazu neigt, Objekte zu verschlucken, den Wert der Objekte nicht mehr zu erkennen vermag. Sie sind Teile seiner selbst geworden. Er ist dann nach wie vor hungrig und strebt immer noch unersättlich nach Objekten. Bis zu einem gewissen Grade wohnt dieser süchtige Weltbezug allen Menschen inne, besonders aber jenen unseres Kulturkreises. Wir streben nach stets neuen Reizen und Objekten, die uns auch zu unserer

Selbstüberwindung helfen sollen, und kaum haben wir sie erlangt, interessieren sie uns nicht mehr, da sie zu einem Teil unserer selbst, wie wir so schön sagen, zu unserem Besitz geworden sind. Was wir aber besitzen, beachten wir oft nicht mehr. Wir schauen unersättlich nach Neuem. Es ist heute auch bei Partnerschaften zwischen Mann und Frau und anderweitigen Paarbildungen zur Genüge bekannt, daß oft nach anderen Partnern Ausschau gehalten wird, die angeblich mehr Reize ausstrahlen. Wohl rührt dieser Umstand auch daher, daß die Menschen, ist ihnen ein Objekt einmal gewiß, oft wieder «Hunger» nach anderen Objekten aufweisen und unersättlich sind. Es ist die menschliche Unersättlichkeit, die so viel Leid in manche mitmenschliche Beziehung hineinträgt. Die gleiche unersättliche Tendenz ist es, die die Menschen nach immer neuem Besitz, nach immer neuer Macht streben läßt und sich vor allem in der Politik verheerend auswirkt. Die Unersättlichkeit könnte letztlich dazu beitragen, daß die Menschen aus Machthunger Waffen einsetzen, die zum Untergang der Menschheit führen können. Diese Tendenz der Menschen in allen heutigen Gesellschaften bedarf einer Kontrolle. Die Weltorganisation (UNO) hat sich bis heute nur als Kriegsschauplatz der Ideologien, des Machthungers, der unersättlichen Ambitionen herausgestellt. Es ist uns noch eine Gnadenfrist gegeben, weil diese Schlachten sich vorläufig nur verbal vollziehen. Doch kommt es auch immer wieder zu blutigen Waffengängen. Völker werden unterjocht, besonders durch jene, die angeben, sich der Gleichheit aller verschrieben zu haben. Um dieser Gleichheitsideologie willen werden Menschen eingekerkert, niedergemetzelt, geschlachtet, Terrororganisationen gefördert, Nachbarvölker überfallen. Es soll der ganzen Welt gezeigt werden, wie weit der Machtbereich von Diktatoren und Diktaturen reicht. Unersättlich wird Weltrevolution gepredigt und die Ausdehnung des eigenen Machtbereiches gemeint. Das Spiel mit dem Feuer kann schlimm enden, wenn der dahinterstehende Machthunger nicht als solcher erkannt, eingedämmt, kanalisiert und sozial kontrolliert wird. Wir können aber nicht ein «Hunger»-Tabu errichten. Es wäre der verkehrte Weg. Was Not tut, ist, diesen süchtigen Hunger und die damit verbundene Aggressivität zu verbindenden Aktivitäten einzusetzen.

Wir brauchen nicht mehr lange Arbeitszeiten, da der Computer in weiten Bereichen den Menschen zu ersetzen vermag. Es könnte jedermann ein geruhsames Leben führen. Doch herrscht mancherorts immer noch ein Arbeitshunger oder gar eine Arbeitswut. Beide könnten eingesetzt werden zu sozialem Werke. Alte, auf sozioökonomischen Bedingungen beruhende Schichtungen der Bevölkerung schwinden. Der Industriearbeiter ist nicht mehr Teil des Proletariats. Er hat Anteil an den Errungenschaften der Technik und dem davon anfallenden Wohlstand. Doch zeichnen sich neue Schichtungen ab, die sich daraus ergeben, daß die einen Anteil haben an der Computerwelt, die anderen darin aber nur noch Hilfsfunktionen auszuüben vermögen und eine dritte Gruppe gar arbeitslos bleibt. Zwar treten heute in unserem Kulturkreis landesweite Sozialversicherungen in die Lücke und sichern so jedermann das tägliche Brot, doch sind jene, die nicht mehr jeden Tag die Freude erleben dürfen, produktiv tätig zu sein, frustriert, und sie fühlen sich beiseite geschoben. Ihr Tätigkeitshunger findet keine Befriedigung, keine Belohnung. Es ist nicht damit getan, Wohlfahrtseinrichtungen für alle bereit zu halten. Zwar ist es schon viel, daß niemand mehr körperlich hungrig bleiben muß, doch «hungrig» in bezug auf Anerkennung für eine Leistung werden alle jene bleiben, die sich nicht als aktive Beteiligte unseres Gesellschaftssystems fühlen dürfen. Hier wird eine ganz andere Solidarität zwischen den Menschen entwickelt werden müssen. Wir sitzen alle in demselben Boot und können nicht sagen, daß uns das Schicksal anderer nicht interessiert. Schon allein die Umweltverschmutzung und die extreme Gefährdung durch todbringende Waffen zeigen an, daß niemand auf der Welt sagen kann, es sei seine Privatsache oder Sache seiner Gruppe, wenn er so und nicht anders vorgehe. Im Talmud steht die Geschichte zu lesen, daß mehrere in einem Boot fahren und plötzlich einer unter seinem Sitz ein Loch zu bohren beginnt. Auf die Frage, was er da tue, antwortete er, daß er doch dieses Loch nur unter seinem Sitz bohre. Es braucht wohl nicht besonders darauf hingewiesen zu werden, daß auf diese Weise alle Menschen, die auf dem Schiff fuhren, untergegangen wären. Bei den heutigen technischen Möglichkeiten und Dimensionen des Aufbau- und des Zerstörungspotentials sind wir Menschen gefordert, unsere Lebenssehnsucht, unseren Tatendrang bzw. -hunger wie auch unsere Machtgier zu erkennen und sie, entsprechend gewandelt, im Werke für die Mitmenschen einzusetzen.

Der Hunger ist naturgemäß auch Ergebnis einer Stoffwechsellage des Körpers. Wir erwachen, sind wir gesund, alle am Morgen hungrig, und sind wir dann gesättigt, werden wir nach gewissen Zeitabständen wieder ein Hungergefühl entwickeln. Bei gewissen Menschen aber, den Diabeteskranken, gleicht der Stoffwechsel in mancher Hinsicht jenem des Hungers. Diese Stoffwechsellage kann durch Nahrungszufuhr nicht geändert werden, weil die Stoffwechselbeeinträchtigung den Ausgleich verhindert oder erschwert. Die entsprechenden medizinischen Maßnahmen bzw. Stoffe werden dann dafür zu sorgen haben, daß diese Kranken aus ihrem Hungerleiden herauskommen. Diese Menschen brauchen aber auch die positive emotionale Zuwendung des Arztes, der sie in ihrem Selbstwert bestätigt und ihnen jenen Mut gibt, der zu einer lustvoll erlebten Existenz wesentlich beiträgt. Als ein Ausdruck ungestillten oder unersättlichen Hungers können auch gewisse Magen-Darmstörungen, z. B. Magen- oder Duodenalulzera, betrachtet werden. Der Magen, vor allem die Pepsinogenausscheidung der Betroffenen, ist offenbar dauernd auf Hunger eingestellt. Diese Individuen bedürfen, neben einer medikamentösen Hemmung der Magensaftsekretion oder anderen medizinischen Maßnahmen, einer ärztlichen Teilnahme, die sich nicht nur auf das streng Sachliche begrenzt, sondern dem Patienten auch das Gefühl vermitteln muß, in seiner – allerdings meist übermäßigen – Erwartung in bezug auf Mitmenschlichkeit nicht oder nicht total enttäuscht zu werden. Der Arzt/die Ärztin sollte die ihn/sie Aufsuchenden mit der Zuversichtlichkeit erfüllen können, daß er/sie ihnen zuhört und sie in ihren innersten Regungen erkennt, selbst wenn nicht alle ihre Umhegungswünsche in Erfüllung gehen können.

Besonders die Beeinträchtigung des Herzkreislaufes, vor allem die Koronarerkrankungen, lassen erkennen, daß häufig Menschen betroffen sind, die einen unbändigen Tatenhunger und Ehrgeiz entwickeln, die im Grunde genommen ungeheure Forderungen an sich selbst stellen und den daraus eventuell resultierenden Enttäuschungen und depressiven Verstimmungen davonrennen, um so wenigstens einen Teil ihrer Erwartungen erfüllen zu können. Jene Typus A-Menschen nach ROSENMAN et al. (1975, 1976), FRIEDMAN und ROSENMAN (1974), die sich keine Ruhe gönnen, weil sie alles – zu ihrer Bestätigung – «aggressiv» «fressen» wollen bzw. müssen, sind also gefährdet, schließlich an einem Herzkreislaufleiden zu erkranken und, stellen sie ihren Lebensrhythmus nicht auf einen Schongang um, daran zu sterben. Bei Hypertonikern führt die Tatsache, daß ihr Taten-Hunger oft gehemmt ist, zu weiterer Spannung.

Bei all den erwähnten Hungerkrankheiten werden wir uns indes fragen, wie es zur sogenannten «Organwahl» gekommen ist. Eine bindende Antwort vermag bis heute nicht gegeben zu werden. Wohl sind genetische und umweltspezifische Faktoren zusammen dafür verantwortlich, ohne daß immer gesagt werden könnte, welche genau mitgewirkt haben. Bei gewissen Hungerkrankheiten, wie z.B. der Anorexia nervosa, kommt hinzu, daß das Krankheitsgeschehen auch final betrachtet werden muß. Der zur Schau getragene «Hunger» soll der Umwelt drastisch aufzeigen, wie sehr die Leidenden die liebende Zuwendung in ihrer Kindheit und später vermißt haben.

Wenn wir von «Hunger» sprechen, so denken wir auch daran, daß wir modernen Menschen alle begehrlicher geworden sind, vielleicht weil uns kein Objekt mehr passen will. Ich erinnere mich in diesem Zusammenhang an FRANZ KAFKAS (1935) Erzählung «Ein Hungerkünstler». Als der Aufseher den Hungerkünstler fragte: «Da sieh mal einer, warum kannst du denn nicht anders?» sagte er: «Weil ich nicht die Speise finden konnte, die mir schmeckt. Hätte ich sie gefunden, glaube mir, ich hätte kein Aufsehen gemacht und mich vollgegessen wie du und alle.»

Die vielen Reize, die wir uns zuführen, haben uns in einen Zustand der Verwöhnung gebracht. Für viele Menschen der Gegenwart hat nichts mehr die Offenbarungskraft, kein Objekt mehr jene Originalität, die sie erwarten und verlangen. Sie werden sich vielleicht immer wieder fragen, wenn sie in ihrem Hunger ein Objekt an sich genommen, aufgenommen oder inkorporiert haben: «Was war denn das schon?», weil ihnen der Objektcharakter des Aufgenommenen verloren ging, sobald sie es hatten. In seiner Novelle «Enttäuschung» läßt THOMAS MANN einen Menschen von allen Objekten enttäuscht sein. Sogar das Ableben wird nicht das bringen, was er erwartet: «. . . Ach, ich kenne ihn bereits so genau, den Tod, diese letzte Enttäuschung! Das ist der Tod, werde ich im letzten Augenblicke zu mir sprechen; nun erlebe ich ihn! Was ist das nun eigentlich?»

Droht dem Menschen, das Leben zu verlieren, so wird ihm aber wohl oft doch bewußt, wieviel er versäumt hat, und es entwickelt sich bei ihm etwa nochmals ein «Hunger» nach dem Erleben von möglichst vielem in der ihm noch gegebenen Zeit. Die von schwerer Krankheit Betroffenen hadern oft, wenn sie sie realisiert haben, mit ihrem Schicksal, da sie zutiefst fühlen, daß sie noch immer erlebens-«hungrig» sind. Umso mehr ist es für den Menschen schweres und grausames Schicksal, wenn er leiblich und gefühlsmäßig hungern muß. Die Erfahrungen in den Konzentrationslagern der Nationalsozialisten und anderswo, in denen die Aufseher im Namen einer sadistisch regierenden Schicht die Häftlinge auf unerdenkliche Art quälten und quälen, zeigen, wie bei chronischem, schwerem Hungerleiden Morbidität und Mortalität erhöht sind. Bei lange dauerndem Hunger sind die Gedanken eingeengt auf die notwendigsten Lebensfunktionen, und Vergangenheit wie auch Zukunft erscheinen unerreichbar. Der den Menschen sonst auszeichnende Lebenshunger schwindet beim längeren Hungerleiden dahin. Im Hunger-Leiden wird der Mensch seines Wesentlichsten beraubt: der Lebenssehnsucht und der Lust. Ein Hungergefühl im Sinne der Lust kann sich nur so lange bemerkbar machen, als sich kein Hunger-Leiden einstellt. Es ist Zeugnis dafür, daß der Mensch in seinem zentralen Lebenskern beeinträchtigt ist.

Den Menschen, die zwar nicht leiblich Hunger leiden mußten, aber wegen Aufwachsens in ungünstigen, gefühlsmäßig leer lassenden Bedingungen in irgendeiner Weise hungerkrank sind, wird teils von allein, teils mit psychotherapeutischer Hilfe, aufgehen müssen, daß sie selbst es sind, die – in stetig wiederholter positiver Bilanz – sich zu stützen vermögen. Jenen, die infolge Hungerleidens körperlich und in ihrem Erleben schweren Schaden genommen haben, werden wir durch unseren Einsatz immer wieder über alle Zweifel hinwegzuhelfen und sie von unserer unerschütterlichen Mitmenschlichkeit zu überzeugen haben.

Literaturverzeichnis

ABRAHAM, K.: Untersuchungen über die früheste prägenitale Entwicklungsstufe der Libido. Internationale Zeitschrift für ärztliche Psychoanalyse IV, Heft 2, S. 71, 1916. Neu in: ABRAHAM, K.: Psychoanalytische Studien zur Charakterbildung und andere Schriften. Herausgegeben von CREMERIUS, J.: Conditio Humana. S. Fischer, Frankfurt a. M. 1969.

ABRAHAM, K.: Versuch einer Entwicklungsgeschichte der Libido auf Grund der Psychoanalyse seelischer Störungen. In: Neue Arbeiten zur ärztlichen Psychoanalyse, Heft II, Int. Psychoanalyt. Verlag, 1924, und in: Psychoanalytische Studien zur Charakterbildung und andere Schriften, S. 113, Conditio Humana, S. Fischer, Frankfurt a. M. 1969.

ADLER, H.: Gesänge aus der Stadt des Todes. Oprecht, Zürich/New York 1945.

ALEXANDER, F.: Psychosomatische Medizin. Grundlagen und Anwendungsgebiete. Walter de Gruyter, Berlin/New York 1971. Originalausgabe: Psychosomatic Medicine. Walter de Gruyter, Berlin/New York 1950.

AMMON, G.: Psychoanalyse und Psychosomatik. Piper, München 1974.

ANAND, B. K., BROBECK, J. R.: Localization of a «Feeding Center» in the Hypothalamus of the rat. Proc. Soc. Exp. Biol. Med. *77,* 323, 1951. Zit. in: BROBECK, J. R. (Ed.): Best & Taylor's Physiological Basis of Medical Practice. 10th Ed., Williams & Wilkins, Baltimore 1979.

ANAND, B. K., BROBECK, J. R.: Hypothalamic Control of Food Intake in Rats and Cats. Yale J. Biol. Med. *24,* 123, 1951. Zit. in: BROBECK, J. R. (Ed.): Best & Taylor's Physiological Basis of Medical Practice. 10th Ed., Williams & Wilkins, Baltimore 1979.

BACHOFNER, M., STRANSKY, M.: Erfahrungen in einer Gruppe von Übergewichtigen. Sozial- und Präventivmedizin *22,* 139–141, 1977.

BATTEGAY, R.: Psychodynamische Verhältnisse bei der Gruppenpsychotherapie. Psychiat. Neurol. Neurochir. *63,* 333–342, 1960.

BATTEGAY, R.: Der Mensch in der Gruppe, Bd. III. Huber, Bern/Stuttgart/Wien, 2. Aufl., 1972, 3. Aufl., 1979.

BATTEGAY, R.: Narzißmus und Objektbeziehungen. Huber, Bern/Stuttgart/Wien 1977. 2. Aufl. 1979.

BATTEGAY, R.: Die ärztliche Aufklärungspflicht, am Beispiel von Schwerkranken. Schweiz. Ärztezeitung *26,* 1291, 1979.

BATTEGAY, R.: Totale Fusion mit einem Objekt und dessen Zerstörung. Schw. Arch. Neurol. Neurochir. Psychiatr. *129,* 283, 1981.

BATTEGAY, R.: Grenzsituationen. Huber, Bern/Stuttgart/Wien 1981.

BATTEGAY, R., RAUCHFLEISCH, U., GRAF VON SCHLIEFEN, H.: Sozioökonomische Determinanten der Inanspruchnahme der Psychiatrischen Universitätspoliklinik Basel. Schweizer Archiv für Neurologie, Neurochirurgie und Psychiatrie *111,* 67, 1972.

BATTEGAY, R., LIPP, H., MIEST, URSULA, GLAUSER, CHRISTINE, RAUCHFLEISCH, U.: Gruppenpsychotherapie mit Adipösen. Gruppenpsychotherapie und Gruppendynamik *17,* 163, 1981.

BLEULER, M.: «Psychosomatik» der Fettsucht. Helvetica Med. Acta *19,* 293, 1952.

Bowlby, J.: Trennung. Psychische Schäden als Folge der Trennung von Mutter und Kind. Kindler, Geist und Psyche, München, 1976. Originalausgabe: Separation. Anxiety and Anger. Band II des dreibändigen Werkes «Attachment and Loss». The Hogarth Press and the Institute of Psycho-Analysis, 1973.

Brand, J., Gensicke, P.: Ein verhaltenstherapeutisch-kommunikationstheoretisches Konzept zur stationären Behandlung der Anorexia nervosa. Erste Ergebnisse. Arch. Psychiat. Nervenkr. *229,* 113 – 126, 1980.

Bray, G.A.: Jejunoileal Bypass, Jaw Wiring, and Vagotomy for Massive Obesity. In: Stunkard, A.J. (Ed.): Obesity, p. 369. W.B. Saunders, Philadelphia/London/Toronto 1980.

Brobeck, J.R.: Best & Taylor's Physiological Basis of Medical Practice. 10th Ed. Williams & Wilkins, Baltimore 1979.

Brobeck, J.R., Tepperman, J., Long, C.N.H.: Experimental Hypothalamic Hyperphagia in the Albino Rat. Yale J. Biol. Med. *15,* 831, 1943. Zit. in: Brobeck, J.R. (Ed.): Best & Taylor's Physiological Basis of Medical Practice. 10th Ed. Williams & Wilkins, Baltimore 1979.

Bruch, Hilde: Der goldene Käfig/Das Rätsel der Magersucht. S. Fischer, Frankfurt a.M. 1980. Amerikanische Originalausgabe: The Golden Cage; The Enigma of Anorexia Nervosa. Harvard Univ. Press, Cambridge, Massachusetts 1978.

Bühler, F.R., Burkart, F., Lütold, B.E., Küng, M., Marbet, G., Pfisterer, M.: Antihypertensive Betablocking Action as related to Renin and Age: a Pharmacologic Tool to identify Pathogenetic Mechanisms in Essential Hypertension. Amer. J. Cardiol. *36,* 635, 1975.

Ciompi, L., Eisert, M.: Etudes catamnestiques de longue durée sur le vieillissement des alcooliques. Social Psychiatry *6,* 3, 129, 1971.

Cohn, C., Joseph, D.: Influence of Body Weight and Body Fat on Appetite of «Normal» Lean and Obese Rats. Yale J. Biol. Med. *34,* 598, 1962. Zit. in: Brobeck, J.R. (Ed.): Best & Taylor's Physiological Basis of Medical Practice. 10th Ed. Williams & Wilkins, Baltimore 1979.

Dorfman, W., Slater, S., Gottlieb, N.: Drug and Placebo in Group Treatment of Obesity. Int. J. Group Psychother. *9,* 345 – 351, 1959.

Eitinger, L.: Psychosomatic Problems in Concentration Camp Survivors. Journal of Psychosomatic Research, Vol. 13, 183 – 189, Pergamon Press, Oxford/New York/London/Paris 1969.

Eitinger, L.: Rehabilitation of Concentration Camp Survivors (Following Concentration Camp Trauma). Psychother. Psychosom. *17,* 42 – 49, 1969.

Engelhardt, Ursula: Leistungsmotivation und Narzißmus bei orthostatischen Kreislaufstörungen. Huber, Bern/Stuttgart/Wien 1979.

Erikson, E.H.: Childhood and Society. New York: Norton 1950. Deutsch: Kindheit und Gesellschaft. Stuttgart: Klett 1965.

Fenichel, O.: The Psychoanalytic Theory of Neurosis. Routledge and Kegan, London 1946.

Ferguson, J.M.: Learning to Eat. Behavior Modification for Weight Control. Bull. Palo Alto 1975.

Freud, S.: Zur Psychopathologie des Alltagslebens. Monatsschrift für Psychiatrie und Neurologie, Bd. X, Hefte 1 und 2, 1901. Gesammelte Werke, Bd. IV, Imago, London, repr. 1955.

Freud, S.: Vorlesungen zur Einführung in die Psychoanalyse. Ausgabe in 3

Teilen. Oktav. Hugo Heller & Co., Leipzig und Wien, 1. Teil 1916, 2. und 3. Teil, 1917. Gesammelte Werke, Bd. XI, 3. Auflage, S. Fischer, Frankfurt a.M. 1961.

FREUD, S.: Trauer und Melancholie. Zschr. f. Psychoanalyse, Bd. IV, 1916. Gesammelte Werke, Bd. X, S. 427, 3. Aufl., S. Fischer, Frankfurt a.M., 1963.

FREUD, S.: Jenseits des Lustprinzips. Internationaler Psychoanalytischer Verlag, Leipzig/Wien/Zürich 1920. Gesammelte Werke, Bd. XIII, S. 1, 4. Aufl. S. Fischer, Frankfurt a.M. 1963.

FREYBERGER, H., STRUBE, K.: Zur Psychodynamik und Psychotherapie gesteigerter Eßbedürfnisse bei Fettsuchtkranken. Schweiz. Med. Wschr. *93,* 559, 1963.

FRIEDMAN, M., ROSENMAN, R.H.: Type A Behavior and Your Heart. Alfred A. Knopf, New York 1974. Zit. in: HENRY, J.P., STEPHENS, P.M. (Eds.): Stress, Health, and the Social Environment. A Sociobiologic Approach to Medicine. Springer, New York/Heidelberg/Berlin 1977.

FROMM, E.: Anatomie der menschlichen Destruktivität. Deutsche Verlags-Anstalt, Stuttgart 1974. Originalausgabe: The Anatomy of Human Destructiveness. Holz, Rinehart and Winston, New York/Chicago/San Francisco 1973.

GELLHORN, E., LOOFBOURROW, G.N.: Emotions and Emotional Disorders. Hoeber Medical Division, Harper & Row, New York/Evanston/London 1963.

GFELLER, R., ASSAL, J.-PH.: Das Krankheitserlebnis des Diabetespatienten. Folia psychopractica 10. Hoffmann-La Roche, Basel 1979.

GÖSCHKE, H., GIRARD, J., STAHL, M.: Der Stoffwechsel bei vollständigem Fasten. Unterschiedliches Verhalten bei Männern und Frauen sowie bei Normalpersonen und Adipösen. Klin. Wschr. *54,* 527–533, 1976.

GRINKER, R.R.: Psychosomatic Research. W.W. Norton & Co. Inc., New York 1953.

GROSS, J., ŠVÁB, L.: Die experimentelle sensorielle Deprivation als Modellsituation der psychotherapeutischen Beziehung. Der Nervenarzt *40,* 21, 1969.

GROSSMAN, S.P.: Role of the Hypothalamus in the Regulation of Food and Water Intake. Psychol. Rev. *82,* 200, 1975. Zit. in: BROBECK, J.R. (Ed.): Best & Taylor's Physiological Basis of Medical Practice. 10th Ed. Williams & Wilkins, Baltimore 1979.

GRUNBERGER, B.: Vom Narzißmus zum Objekt. Suhrkamp, Frankfurt a.M. 1976. Titel der Originalausgabe: Le narcissisme. Payot, Paris 1971.

HALMI, KATHERINE: Gastric Bypass for Massive Obesity. In: STUNKARD, A.J. (Ed.): Obesity, p. 388, W.B. Saunders, Philadelphia/London/Toronto 1980.

HARJU, E., FRIED, R.: Dysorexia as a Family Disorder. Three Cases with an obese parent and an anorectic child. Department of Physiology, University of Oulu, Finland (Manuskript).

HARLOW, H.S.: Zit. in: TOMKINS, S.S.: Affects, Imagery, Consciousness. Vol. I, Springer, New York 1962.

HARLOW, H.S., HARLOW, M.K.: Reifungsfaktoren im sozialen Verhalten. Psyche *21,* 193, 1967.

HARTMANN, H.: Ich-Psychologie. Studien zur psychoanalytischen Theorie.

Klett, Stuttgart 1972. Titel der Originalausgabe: Essays on Ego-Psychology – Selected Problems in Psychoanalytic Theory. Int. Univ. Press, New York 1964.

HELWEG-LARSEN, P., HOFFMEYER, H., KIELER, J., THAYSEN, J.H., THYGESEN, P., WULFF, M.H.: Famine Disease in German Concentration Camps, Complications and Sequels. Acta scand. Suppl. 274 (zu Vol. 144) 1952.

HENRY, J.P., ELY, D.L.: Biologic correlates of psychosomatic illness. In: GRENELL, R.G., GABAY, S. (Eds.): Biological Foundations of Psychiatry, Vol. 2, 945–985, Raven, New York 1976. Zit. in: HENRY, J.P., STEPHENS, P.M. (Eds.): Stress, Health, and the Social Environment. A Sociobiologic Approach to Medicine. Springer, New York/Heidelberg/Berlin 1977.

HERZIG, E.A.: Betreuung Sterbender. Rocom, Edition Roche, Basel 1978.

HETHERINGTON, A.W., RANSON, S.W.: Hypothalamic Lesions and Adiposity in the rat. Anat. Rec. *78,* 149, 1940. Zit. in: BROBECK, J.R. (Ed.): Best & Taylor's Physiological Basis of Medical Practice. 10th Ed. Williams & Wilkins, Baltimore 1979.

HIRSCH, J., HAN, P.W.: Cellularity of Rat Adipose Tissue: Effect of Growth, Starvation and Obesity. J. Lipid. Res. *10,* 77, 1969. Zit. in: BROBECK, J.R. (Ed.): Best & Taylor's Physiological Basis of Medical Practice. 10th Ed. Williams & Wilkins, Baltimore 1979.

HOEBEL, B.G., TEITELBAUM, P.: Weight Regulation in Normal and Hypothalamic Hyperphagic Rats. J. Comp. Physiol. Psychol. *16,* 189, 1966. Zit. in: BROBECK, J.R. (Ed.): Best & Taylor's Physiological Basis of Medical Practice. 10th Ed. Williams & Wilkins, Baltimore 1979.

KAFKA, F.: Ein Hungerkünstler. In: KAFKA, F.: Die Erzählungen, S. 175. Schocken, Berlin 1935, Buchclub Ex Libris, Zürich.

KAPLAN, L.P.: Some Observations from Conjoint Individual and Group Therapy with Obese Women. Int. J. Group Psychother. *16,* 357–366, 1966.

KATZ, D.: Hunger und Appetit. Barth, Leipzig 1932. Zit. in: PUDEL, V., MEYER, J.-E.: Zur Pathogenese und Therapie der Adipositas. Der Nervenarzt *52,* 250–260, 1981.

KELLER, SABINE: Diebstähle bei Depressiven. Diss. Basel, 1981.

KELLER, SABINE, BATTEGAY, R., RAUCHFLEISCH, U., HAENEL, T.: Diebstähle bei Depressiven. Monatsschr. f. Kriminologie und Strafrechtsreform *64,* 342, 1981.

KENNEDY, G.C.: The Role of Depot Fat in the Hypothalamic Control Of Food Intake in the Rat. Proc. R. Soc. Lond. Ser. B *140,* 578, 1953. Zit. in: BROBECK, J.R. (Ed.): Best & Taylor's Physiological Basis of Medical Practice. 10th Ed. Williams & Wilkins, Baltimore 1979.

KERNBERG, O.: Zur Behandlung narzißtischer Persönlichkeitsstörungen. Psyche *29,* 890, 1975.

KERNBERG, O.: Borderline Conditions and Pathological Narcissism. Jason Aronson, New York 1975.

KERNBERG, O.: Borderline Disorders: Structural Interviewing. Psychiatric Clinics of North America *4,* 169, 1981.

KIELHOLZ, A.: Symbolische Diebstähle. Z. Neurol. Psychiatr. *55,* 303, 1920.

KLEIN, MELANIE: The Psychoanalysis of Children. Hogarth, London 1932.

KLEIN, MELANIE: A contribution to the Psychogenesis of Manic-Depressive States. Int. J. Psycho-Anal. *16,* 1935. Auf Deutsch erschienen in: Das Seelenleben des Kleinkindes, S. 44, Klett, Stuttgart 1962.

KLEIN, MELANIE: Mourning and its Relation to Manic-Depressive States. Int. J. Psycho-Anal. *21,* 125–153, 1940. Die Trauer und ihre Beziehungen zu manisch-depressiven Zuständen. In: KLEIN, MELANIE (Hrsg.): Das Seelenleben des Kleinkindes. Klett, Stuttgart 1962.

KOHEN, G.: Retour d'Auschwitz, Souvenirs du Déporté 174949, Imprim. Brodard et Taupin, Coulommiers, Paris 1946.

KOHUT, H.: Narzißmus. Suhrkamp, Frankfurt a.M. 1973. Übersetzung der amerikanischen Originalausgabe: The Analysis of the Self. Intern. Universities Press, Inc., New York 1971.

KOHUT, H.: Die Heilung des Selbst. Suhrkamp, Frankfurt a.M. 1978. Übersetzung der amerikanischen Originalausgabe: The Restoration of the Self. Int. Univ. Press., New York 1977.

KÜBLER-ROSS, ELISABETH: Interviews mit Sterbenden. Kreuz, Stuttgart 1973.

LABHARDT, F.: Körperliches und seelisches Krankheitsgeschehen bei Depressiven und Süchtigen als Ausdruck einer Persönlichkeitsstörung. Praxis *53,* 1083, 1964.

LASSITER, R.E., WILLETT, A.B.: Interaction of Group Cotherapists in the Multidisciplinary Team Treatment of Obesity. Int. J. Group Psychother. *23,* 82–92, 1973.

LEMPP, R.: Extrembelastung im Kindes- und Jugendalter. Huber, Bern/Stuttgart/Wien 1967.

LUBAN-PLOZZA, B., PÖLDINGER, W.: Der psychosomatisch Kranke in der Praxis. Lehmanns, München 1971.

MAHLER, MARGARET S.: Symbiose und Individuation, Bd. I: Psychosen im frühen Kindesalter. Klett, Stuttgart 1972. Originalausgabe: On Human Symbiosis and the Vicissitudes of Individuation. Vol. I: Infantile Psychosis. Int. Univ. Press, New York 1968.

MANN, TH.: Enttäuschung. In: Der kleine Herr Friedemann und andere Novellen. Fischer, Berlin 1951.

MARGULES, D.L., MOISSET, B., LEWIS, M.J., SHIBUYA, H., PERT, C.B.: Beta-Endorphin Is Associated with Overeating in Genetically Obese Mice (ob/ob) and Rats (fa/fa). Science *202,* 988–991, 1978.

MARX, K.: Das Kapital. Kritik der politischen Ökonomie. Kiepenheuer, Berlin 1932. Ungekürzte Ausgabe nach der 2. Aufl. von 1872.

MAYER, J., BATES, M.W.: Blood Glucose and Food Intake in Normal and Hypophysectomized, Alloxan-Treated Rats. Am. J. Physiol. *168,* 812, 1952. Zit. in: BROBECK, J.R. (Ed.): Best & Taylor's Physiological Basis of Medical Practice. 10th Ed. Williams & Wilkins, Baltimore 1979.

MCCLOY, J., MCCLOY, R.F.: Enkephalins, Hunger, and Obesity. Lancet, ii: 156, 1979. Zit. in: PRADALIER, A., WILLER, J.-C., BOUREAU, F., DRY, J.: Pain and Obesity. Lancet, May 17, 1090–1091, 1980.

MEDBAK, S., WASS, J.A.H., CLEMENT-JONES, VICKY, COOKE, E.D., BOWCOCK, SALLY A., CUDWORTH, A.G., REES, LESLEY, N.: Chlorpropamide alcohol flush and circulating met-enkephaline: a positive lince. Brit. Med. J. *283,* 927, 1981.

MENDE, W.: Zur Kriminologie depressiver Verstimmungen. Nervenarzt *38,* 546, 1967.

MESTER, H.: Die Anorexia nervosa. Springer, Berlin/Heidelberg/New York 1981.

MILLER, A.: Das Drama des begabten Kindes und die Suche nach dem wahren Selbst. Suhrkamp, Frankfurt a.M. 1979.

MIRSKY, A.: Physiologic, Psychologic, and Social Determinants in the Etiology of Duodenal Ulcer. Am. J. of Digestive Diseases, New Series *3,* 285, 1958.

MIRSKY, A.: Körperliche, Seelische und Soziale Faktoren bei psychosomatischen Störungen. Psyche *15,* 26, 1961/1962.

MORLEY, J.E.: The Neuroendocrine Control of Appetite: The Role of the Endogenous Opiates, Cholecystokinin, TRH, Gamma-Amino-Butyric-Acid and the Diazepam Receptor. Life Sciences *27,* 355–368, 1980.

MORLEY, J.E., LEVINE, A.S.: Stress-Induced Eating Is Mediated Through Endogenous Opiates. Science *209,* 1259–1260, 1980.

PERINI, CH., RAUCHFLEISCH, U., BÜHLER, F.R.: Personality Structure and Renine-Type in Essential Hypertension (in Vorbereitung), 1982.

PERLS, F.S.: Das Ich, der Hunger und die Aggression. Klett-Cotta, Stuttgart 1978. Originalausgabe: Ego, Hunger and Aggression. Allen & Unwin Ltd., London 1947, und Random House, Vintage Books, New York 1969.

PORTMANN, A.: Vom Ursprung des Menschen. Friedr. Reinhardt, Basel 1944.

PRADALIER, A., WILLER, J.-C., BOUREAU, F., DRY, J.: Pain and Obesity. Lancet, May 17, 1090–1091, 1980.

PUDEL, V., MEYER, J.-E.: Zur Pathogenese und Therapie der Adipositas. Der Nervenarzt *52,* 250–260, 1981.

RANK, O.: Das Trauma der Geburt und seine Bedeutung für die Psychoanalyse. Internationaler Psychoanalytischer Verlag, Leipzig/Wien/Zürich 1924.

RAUCHFLEISCH, U.: Dissozial. Entwicklung, Struktur und Psychodynamik dissozialer Persönlichkeiten. Vandenhoeck und Ruprecht, Göttingen 1981.

RENTCHNIK, P., HAYNAL, A., DE SENARCHEUS, P.: Les orphélins, mènent-ils le monde? Stock, Paris 1977.

ROBERTSON, JAMES and JOYCE: Quality of Substitute Care as an Influence on Separation Responses. J. of Psychosomatic Research *16,* 261, 1972.

ROBERTSON, JAMES and JOYCE: Reaktionen kleiner Kinder auf kurzfristige Trennungen von der Mutter im Lichte neuer Beobachtungen. Psyche *29,* 626, 1975.

ROHDE-DACHSER, CHRISTA: Das Borderline-Syndrom. Huber, Bern/Stuttgart/Wien 1979, 2. Aufl. 1982.

ROSENMAN, R.H.: The central nervous system and coronary heart disease. Hosp. Pract. *6,* 87–97, 1971. Zit. in: HENRY, J.P., STEPHENS, P.M. (Eds.): Stress, Health, and the Social Environment. A Sociobiologic Approach to Medicine. Springer, New York/Heidelberg/Berlin 1977.

ROSENMAN, R.H., BRAND, R.J., JENKINS, C.D., FRIEDMAN, M., STRAUS, R., WURM, M.: Coronary heart disease in the Western Collaborative Group Study. Final follow-up experience of 8½ years. J. Am. Med. Assoc. *233,* 872–877, 1975. Zit. in: HENRY, J.P., STEPHENS, P.M. (Eds.): Stress, Health, and the Social Environment. A Sociobiologic Approach to Medicine. Springer, New York/Heidelberg/Berlin 1977.

ROSENMAN, R.H., BRAND, R.J., SHOLTZ, R.I., FRIEDMAN, M.: Multivariate prediction of coronary heart disease during 8.5 year follow-up in the Western Collaborative Group Study. Am. J. Cardiol. *37,* 903–910, 1976. Zit. in: HENRY, J.P., STEPHENS, P.M. (Eds.): Stress, Health, and the Social Environment. A Sociobiologic Approach to Medicine. Springer, New York/Heidelberg/Berlin 1977.

Rotter, J.I., Sones, J.Q., Samloff, I.M., Richardson, Ch.T., Gursky, J.M., Walsh, J.H., Rimon, D.L.: Duodenal-Ucer Disease Associated with Elevated Serum Pepsinogen I, The New England J. of Med. *300,* 63, 1979.

Russek, M.: Current Hypotheses in the Control of Feeding Behaviour. In: Mogenson, G.J., Calaresu, F.R. (Eds.): Neural Integration of Physiological Mechanisms and Behaviour, p. 128, Univ. Toronto Press, Toronto 1975. Zit. in: Brobeck, J.R. (Ed.): Best & Taylor's Physiological Basis of Medical Practice, 10th Ed., Williams & Wilkins, Baltimore 1979.

Saudek, Chr.D., Felig, Ph.: The Metabolic Events of Starvation. Am. J. Med. *60,* 117, 1976.

Schachter, S., Singer, J.E.: Cognitive, social and physiological determinants of emotional state. Psychol. Rev. *69,* 379 – 399, 1962.

Schindler, W.: Persönliche Mitteilung 1968.

Schütze, G.: Anorexia nervosa. Huber, Bern/Stuttgart/Wien 1980.

Schwarz, J.: Mein Kampf auf Leben und Tod, Leidensweg eines KZ-Häftlings. Bachem, Köln 1962.

Sifneos, P.E.: The Prevalence of «Alexithymic» Characteristics in Psychosomatic Patients. Psychotherapy and Psychosomatics *22,* 255, 1973.

Smith, G.P.: Humoral Hypotheses for the Control of Food Intake. In: Bray, G.A. (Ed.): Obesity in Perspective, Vol. 2, pt. 2, p. 19. U.S. Govt Printing Office 1976. Zit. in: Brobeck, J.R. (Ed.): Best & Taylor's Physiological Basis of Medical Practice, 10th Ed. Williams & Wilkins, Baltimore 1979.

Sours, J.A.: Starving to Death in a Sea of Objects: The Anorexia Nervosa syndrome. Jason Aronson, New York 1980.

Spitz, R.A.: Die Entstehung der ersten Objektbeziehungen. Klett, Stuttgart 1960/1957.

Spitz, R.A.: Vom Säugling zum Kleinkind. Klett, Stuttgart 1967/1974. Originalausgabe erschien unter dem Titel «The First Year of Life». Int. Univ. Press, New York 1965.

Statistical Bulletin Metrop. Life Insur. Co.: 40, Nov./Dec. 1959. Zit. in: Wiss. Tab. Geigy, S. 701, Geigy, Basel 1959.

Stauder, K.H.: Studien zur Psychologie und Psychotherapie der Fettsüchtigen. Psyche *12,* 641 – 686, 1959.

Stern, D., Beebe, B.: Engagement–Disengagement and Early Object Experiences, in: Freedman, N., Grand, S. (Ed.): Communicative Structures and Psychic Structures, Plenum, New York 1977.

Stierlin, G.: Vorwort in: Bruch, Hilde: Der goldene Käfig/Das Rätsel der Magersucht. S. Fischer, Frankfurt a.M. 1980.

Stunkard, A.J.: Psychoanalysis and Psychotherapy. In: Stunkard, A.J. (Ed.): Obesity, W.B. Saunders, p. 355, Philadelphia/London/Toronto 1980.

Stunkard, A.J., Fox, S.: The Relationship of Gastric Motility and Hunger. Psychosom. Med. *33,* 123 – 134, 1971.

Stunkard, A.J., Grace, W.J., Wolff, H.: The Night-eating Syndrome. American J. Medicine *19,* 78, 1959.

Teitelbaum, P., Stellar, E.: Recovery from the Failure to Eat Produced by Hypothalamic Lesions. Science *120,* 894, 1954. Zit. in: Brobeck, J.R. (Ed.): Best & Taylor's Physiological Basis of Medical Practice. 10th Ed. Williams & Wilkins, Baltimore 1979.

Thomae, H.: Anorexia nervosa. Huber, Bern. Klett, Stuttgart 1961.

VON BAEYER, W., KISKER, K.P.: Abbiegung der Persönlichkeitsentwicklung eines Jugendlichen durch national-sozialistische Verfolgungen. Paranoide Fehlhaltung. In: MARCH, H.: Verfolgung und Angst. Ed. S. 11, Klett, Stuttgart 1960.

WALLACE, M., FRASER, CH.D., CLEMENTS, J.A., FUNDER, J.W.: Naloxone, Adrenalectomy, and Steroid Replacement: Evidence against a Role for Circulating Beta-Endorphin in Food Intake. Endocrinol. *108,* 189–192, 1981.

WILLI, J.: Die Zweierbeziehung. Rowohlt, Reinbek bei Hamburg, 1975.

WINNICOTT, D.W.: Vom Spiel zur Kreativität. Klett-Cotta, Stuttgart, 2. Aufl. 1979. Originalausgabe: Playing and Reality. Tavistock Publications, London 1971.

ZORN, F.: Mars. Kindler, München 1977.

Namenregister

Sachregister